힘들 때, 지칠 때

스스로 마음을 치유하는
포커싱 심리학

유진 T. 젠들린 지음 | 김성준 옮김

힘들 때,
지칠 때

스스로
마음을 치유하는
포커싱 심리학

유진 T. 젠들린 지음
김성준 옮김

팬덤북스

힘들 때, 포커싱하다

과거 15년 동안 나와 동료들은 시카고 대학을 비롯해 여러 지역에서 대부분의 심리 치료사들이 입 밖으로 꺼내기 싫어하는 몇 가지를 연구해왔다.

'왜 종종 심리 치료법이 효과가 없을까?'

'왜 치료를 해도 그 사람의 삶을 성공적으로 바꾸지 못할까?'

'성공한 치료에서 환자와 치료사는 어떤 일을 했을까?'

'가장 많이 실패한 치료는 어떤 경우인가?'

우리는 해답을 찾기 위해 최근의 많은 치료 유형들을 조사했다. 실제로 녹음된 수천 건의 상담 기록을 분석했고, 수차례 연구로 몇 가지 사실을 발견했다. 그중 일부는 우리를 비롯한 대다수 전문 치료사들의 예상과는 달랐다.

먼저 심리 테스트와 생활에서 실제로 확실한 변화를 보여주는 성공한 환자들의 사례를 선별해냈는데, 이 환자들이 치료 시간에 했던 행동들은 다른 환자들과는 달랐다. 그것은 치료사의 치료 기법도, 치료 기법의 차이도, 환자와의 대화 내용 차이도 아니었다. 차이는 바로 '그들이 말하는 방식'에 있었다. 오직 겉으로 드러나는 차이였지만 실제로는 환자의 '내면'에서 일어나는 일이었다. 단순히 심리적인 문제와 관련 있지는 않았다. 이 기법은 현재 '포커싱'이라고 불린다.

포커싱은 당신의 인생이 어디에서 막혀 답답한지, 또 옴짝달싹 못하는지, 또 느리게 진행되는 지점이 어디인지 스스로 찾아서 바꾸도록 도와준다. 스스로를 변화시켜 자신의 생각과 느낌이 있는 곳보다 더 깊은 곳에서 살아갈 방법을 구하게 해준다.

지금은 사람들이 포커싱을 어떻게 가르치는지 알고 있지만, 처음엔 놀라운 발견이었다. 일반적으로 심리 치료사들은 환자에게 자신의 심리 치료법에 대해 알려주지 않는다. 하지만 환자들이 자신의 내면에 접근하는 방법을 알지 못한다면, 어떤 치료를 열심히 오랫동안 진행하더라도 주요한 변화를 이루지 못할 것이다.

포커싱을 사용하는 환자들은 자신의 마음을 열고, 자신의 느낌을 어루만지는 능력이 점점 더 증가했다. 치료 과정에서 환자 스스로 자신의 심리를 치료하는 법을 배우고, 치료 말기에는 좀 더 효과적인 치료가 진행되리라는 확신이 생긴다.

나는 내면을 느끼기가 힘들다고 생각하는 환자를 치료한 경험이 많다. 나의 기법과 환자의 노력으로 그들이 문제를 성공적으로 해결할 수 있도록 도와주었다. 당시만 해도 심리 치료란 하나의 기술이며 신비롭긴 해도 과학은 아니었다. 어떤 사람들은 정확한 과학적 기법을 개발했다고 주장했지만 선전용 과장 광고에 지나지 않았다. 박학다식하고 자신감으로 충만한 심리 치료사는 오로지 영화 속에서만 존재한다. 물론 각각의 심리 치료 학교는 그들만의 아이디어와 치료 기법을 가지고 있지만, 그 기법이 효과가 없으면 당황하여 우왕좌왕 갈피를 못 잡는다. 더욱 안타까운 점은 그런 상황이 자주 발생한다는 사실이다.

아무리 훌륭한 심리 치료사라도 어떻게 해야 치료가 제대로 이루어지며, 인간 내면에 변화를 일으키려면 어떻게 해야 하는지 정확하게 말로 표현하지 못한다. 오로지 치료 자체만이 그 방법을 가르쳐준다. 우리의 연구는 아직 방법을 모르는 사람들에게 일반적인 치료가 그 방법을 가르쳐주지는 않는다는 사실을 보여주었다. 또한 중대한 내면 행동이 무엇인지 매우 구체적으로 알려주었다.

중요한 내면 행동은 학습이 가능하지만, 치료로는 배우지 못한다. 당연히 배우기 위한 목적으로 일부러 환자가 될 필요는 없다. 변화된 치료 과정은 더 이상 치료사가 필요 없는 영역이 되었다. 이제 사람들은 치료사 없이도 자신과 서로를 위해 이 과정을 수행할 수 있다.

물론 사람들은 서로에게 치료사도, 의사도, 권위자도 아니다. 인간의 문제는 본래부터 스스로 책임을 지게 되어 있다. 어떠한 권위자도 우리의 문제를 해결하지 못할 뿐만 아니라, 우리에게 살아가는 방법을 말해줄 수도 없다. 따라서 나와 동료들은 더욱 많은 사람들에게 문제를 스스로 해결하고 서로 돕는 방법을 가르쳐왔다.

이 책은 실질적인 변화가 언제 당신의 내면에서 일어나는지 스스로 인지하고 경험하도록 도와줄 것이다. 독특한 신체 변화에 대한 느낌이 있을 것이고, 일단 경험하고 나면 스스로 알게 될 것이다. 우리는 그것을 '몸의 반전body shift'이라고 부른다. 심지어 한 번이라도 경험한 사람들은 지금 자신이 변하고 있는지를 더 이상 궁금해하지 않는다. 한 번의 경험만으로도 스스로 판단할 수 있기 때문이다.

- CONTENTS -

CHAPTER 01.

힘들 때,
스스로
마음 치유

01.

기존의

심리 치료를

뒤엎다

그동안 심리 치료는 왜 효과가 없었을까?

⋮

새로운 집단을 대상으로 포커싱을 지도한 적이 있다. 그
중 몸의 반전을 느낀 일부 사람들은 수년간 치료사와 상
담했음에도 전혀 개선되지 않던 문제가 해결되는 경험을
했다. 그들은 충격을 받고 내게 질문했다.

"지금까지 비싼 돈을 들인 심리 치료보다 더 많은 변화

가 어떻게 단 몇 분 만에 일어나는 걸까요?"

사람들은 여전히 심리 치료사를 권위자로 생각한다. 비록 스스로는 아무 변화를 느끼지 못하더라도 최소한 '의사'라면 치료가 어떻게 진행되는지 틀림없이 알고 있고, 만일 의사가 계속해서 내원해야 한다고 말하면 반드시 필요한 치료라고 생각한다. 틀림없이 자신이 무언가 잘못되었다고 단정하면서 말이다. 최근에 누군가 내게 편지를 보내왔다.

○

치료를 해도 아무런 변화가 없다고 치료사에게 말했어요. 하지만 그는 마치 남은 인생 동안 월급을 줘야 하는 친구가 있어도 괜찮지 않느냐는 듯한 표정을 지었죠. 그 이후 나는 다시는 돌아가지 않았어요. 4년 동안이나 말이죠!

완전히 혁명과도 같은 자가 치유가 일어나고, 사람들이 서로에게 도움이 되는 과정들을 배우고 실행한다면 전문적인 심리 치료는 더 이상 필요가 없을까? 그래도 전문가의 도움은 늘 필요할 것이다. 하지만 진정으로 자신에게 도움이 되는 치료를 찾기 위해서는 반드시 많은 치료사들을 경험해보아야 한다(한 치료사당 몇 차례 치료면 충분하다. 몇 년은 너무나도 긴 시간이다). 확실한 신체적 경험을 한 이후에 해당 치료사를 고용해도 늦지 않다.

나와 동료들은 중요한 내면 행동을 가르칠 수 있다는 사실을 알게 된 후 치료 방식을 철저하게 바꾸었다. 이제 사람들이 도움을 요청하면 더 이상 계속해서 말해달라고 요청하지 않고, 그들의 느낌을 지적으로 분석하지도 않는다. 또한 새로운 치료법인 듯이 사람들에게 같은 문장을 크게 읽도록 하거나, 무리 지어 똑같은 일을 반복적으로 해보라고 강요하지도 않는다.

우리는 스스로 우리의 느낌에 닿을 수 있다. 하지만 그다음에는? '직감'을 가지는 것은 괜찮다. 그렇다고 느낌이 변하지는 않는다.

포커싱은 느낌에 닿은 이후의 발전 단계이다. 처음에 막연히 감지되었던 다른 종류의 '내적 주의'에 관한 것이다. 구체적인 '내적 움직임'을 통해 포커싱이 되면 신체적인 변화가 생긴다. 또 실제로 변화되는 과정에서 좋은 느낌을 받는다. 인간의 문제에 대한 효과적인 대처는 '자학 행위'가 아니다. 우리가 발견한 변화 과정은 신체에 자연스러운 현상이며, 몸이 알아서 느끼게 된다. 평소에 고통이 느껴졌던 곳보다 깊은 곳에서, 처음에 막연히 신체적인 감지가 있었던 곳으로 중요한 움직임이 이동한다. 그곳에서 무언가가 분명하게 나타나는 경험은 안도감과 활기를 느끼게 해준다.

새로운 관점에서 보면 전통적인 방식들은 대부분 고통 중심적으로 보인다. 사람들은 몸이 지닌 생명 중심적이며 긍정적인 경향과 힘을 사용하는 법을 알지 못한 채 고통스러운 느낌에 거듭 빠져든다. 이런 방식으로 계속해서 스스로 상처를 받는다.

생활의 변화를 유도하는 포커싱

⋮

하지만 포커싱의 주요 원리 중 하나는 변화의 과정이 기분을 좋게 한다는 것이다. 마치 악취가 풍기는 방에서 오랫동안 머물다 마침내 신선한 공기를 마시는 느낌이다.

이러한 핵심적인 기법을 일일이 말로 설명하기란 쉽지 않다. 그러기 위해서는 반드시 어느 정도 연습이 필요하다. 아주 오랜 기간 동안 자신을 괴롭혀온 문제에 맞서 싸우는 것보다 훨씬 더 쉽다. 비록 아무런 변화를 경험하지 못하더라도 자신에 대해 더 잘 이해하는 계기가 된다. 스스로를 변화시키거나 문제를 해결하지 못하더라도 자신의 느낌을 확인해볼 좋은 기회다.

처음에는 일반적인 심리 치료가 제 역할을 제대로 수행하지 못한다는 연구 결과를 받아들이기가 힘들었다. 만일 기존 치료법이 제대로 효과를 발휘하지 못한다면 우리는 치료법을 바꿔야만 한다.

무엇보다 내면 행동을 통한 가장 행복한 변화는 치료만이 아니라 전반적인 사회생활에서도 변화를 유도한다는 점이다. 내면 행동은 훈련이 가능해서 심리 치료 환자가 아닌 다른 누구에게라도 방법을 가르쳐줄 수 있다. 학교, 교회, 지역 문화 센터, 그 밖에 다른 많은 환경에서도 말이다. 누구든 매우 구체적인 방식으로 활용해 서로에게 도움을 줄 수 있다.

내면 행동을 설명하기에 앞서 나는 당신에게 진심으

로 요청한다. 심리 치료나 내적 과정에 관해 기존에 이미 알던 지식들은 잠시 동안이라도 접어두자. 지금 내가 설명하려는 것은 느낌에 접속하는 친숙한 방식도, 내용 없는 고요한 명상도 아니다. 당신이 심리 치료사든, 환자든, 똑똑한 비전문가든 상관없다. 내면 행동은 당신에게 무척이나 생소할지도 모른다. 이행에 필요한 내부적인 장치는 모든 사람들이 가지고 있지만, 대부분 사용하지 않는다. 일부 사람들만이 직관적으로 가끔 사용하기는 하지만, 당신이 의도적으로 실행하거나 가능성 자체를 알아차린 적은 전혀 없다. 최근에 와서야 전문 서적에서 논의되고 있을 뿐이다.

어떤 사람들은 내적 방법을 매우 빠르게 익힌다. 반면에 어떤 사람들은 자기 내면의 소리를 듣고 몇 주나 몇 달이 걸리기도 한다.

02.

내 몸이
내 문제를
치료한다

특별한 문제나 상황에 대한 신체적인 감각

⋮

내면 행동이라는 과정은 완벽하게 자연스럽다. 그러나
이를 설명할 적절한 단어가 없어서 새로 용어를 만들어
야 했다. 나는 그 과정을 '포커싱'이라고 부른다. 당신의
내면에 자리한 특별한 신체적 자각과 접속하게 만들어주
는 과정이다. 나는 이 자각을 '감각 느낌felt sense'이라고
부른다. 감각 느낌은 반드시 형성되어야 한다. 내면에 주

의를 기울여 감각 느낌을 형성하는 법을 배울 수 있다. 처음엔 모호하고 분명하지 않다. 감각 느낌은 특별한 문제나 상황에 대한 신체적인 감각을 말한다.

감각 느낌은 감정이 아니다. 우리는 화나고, 슬프고, 기쁠 때가 언제인지 감정을 인지한다. 감각 느낌은 당신이 처음 인지하는 모호하고 애매한 것이 아니다. 중요하게 느껴지지만 잘 알지는 못하는 것이다. 포커싱하는 법을 익힌다면 당신이 가진 많은 문제에 몸이 나름의 해답을 알려준다는 사실을 알게 될 것이다. 그 과정은 변화를 이끌어낸다.

포커싱에 치료사는 필요하지 않다. 혼자 있거나 언제 어떻게 조용히 지켜봐야 하는지 잘 아는 친구와 함께 있다면 효과를 얻을 수 있다. 치료사나 친구에게 가장 중요한 규칙은 포커싱을 하는 사람인 포커서focuser를 방해하지 않는 것이다.

대부분의 치료사들은 결과를 만들어내는 것은 환자의 치료 과정이 아니라 바로 자신이라고 믿는다. 치료사들은 그런 믿음이 환자에게 많은 영향을 미친다는 사실을 명심해야 한다. 환자의 말을 분석하고, 문제의 특성을 파악하고, 상태를 바꾸고 싶은 강한 유혹은 항상 존재한다.

하지만 문제를 제대로 알고 어디가 핵심인지 파악하는 것은 오로지 우리의 신체뿐이다. 만약 내가 치료사라면 당신의 문제를 당신보다 잘 알고 있는 것처럼 이야기를 쏟아 내고픈 강한 유혹에 시달릴 것이다. 하지만 당신이 문제에 대해 말하도록 내버려두지도 않을 것이다. 나는 효과적인 포커싱 방법을 가르칠 것이고, 당신이 실행하는 동안 옆에서 지켜볼 것이다.

지금부터는 포커싱을 경험한 몇 가지 사례를 들어 보고자 한다. 포커싱을 구성하는 각각의 6가지 활동도 나중에 상세히 설명하겠다. 그 활동들을 성공적으로 수행하면 신체에 변화가 생기고, 감각 느낌이 나타나고, 문제가 달리 보이게 된다.

각각의 몸의 전환이 찾아오면 문제의 본질은 바뀐다. 사람들은 항상 깊은 신체적 단계는 살펴보지 않은 채, 초반에 발생한 문제에 대한 생각과 느낌을 그대로 지닌다.

03.

감정에 빠져

고통스러운

사람

자기 파괴적인 생각을 하는 페이

⋮

어느 날 페이가 내게 전화를 했다. 그녀는 오전 내내 자살을 생각하며 시내 거리를 배회하고 있었다.

"인생이 문제투성이예요."

그녀가 말을 꺼냈다. 그녀는 너무나 지치고 절망적

이어서 스스로 한계를 느끼고 있었다.

"이런 상황에서 계속 살아가는 게 무슨 소용이 있나요? 도무지 어떻게 해야 할지 모르겠어요."

예전에 대화한 적이 있어서 그녀의 삶에 대해 약간은 알고 있었다. 그녀는 28살의 매력적인 여성이며, 몇 년 전에 많이 사랑했던 테드와 헤어졌다. 그녀는 그를 만나기 전에도, 그와 헤어진 이후에도 다른 남자를 사랑한 적이 없었다. 그가 떠난 후 다른 남자들과 함께 시간을 보내며 또 다른 테드를 찾아 헤맸지만 결국 찾지 못했다.

"왜 그렇게 속상한가요? 조용히 1분 동안 왜 속상한지 생각해보세요."

생각보다는 빨랐지만 그래도 어느 정도 침묵이 흐른 후 그녀가 말했다.

"생리가 없어요. 임신했을까 두려워요."

———

지난번 대화에서 그녀는 따분하고 거만하고 둔감하며, 인간으로서가 아닌 오로지 섹스파트너로서 자신에게 관심을 가지는 남자와 함께 지낸다고 했다. 지난 주말도 그와 함께 보냈다.

"테드가 너무나도 그리워요!"

그녀는 전화기에 대고 목놓아 울었다.

"지금 생리가 너무 늦어요. 임신했으면 어떡하죠? 오, 세상에! 이제 저는 어떻게 될까요?"

나는 또다시 그녀의 불안한 느낌이 수화기를 통해 흘러나오는 것을 느꼈다. 그녀는 포커싱에서 요구하는 대로 좀 더 깊은 내면에 주의를 기울인 상태로 평온함을 유지하는 것을 어려워했다. 감각 느낌이라는 더 깊은 곳으로 내려가지 못하고 고통스러운 느낌에 사로잡혀 있었다.

포커싱 첫 번째 활동 : 공간 정리

:

나는 그녀에게 포커싱에서 '첫 번째 활동'이라고 부르는 행동을 시작하라고 했다. 자신의 문제들을 잠시 한쪽으로 제쳐놓고 한 발 물러서서 다시 살펴보는 행동이다. 이 행동은 어떻게 보면 가구나 포장용 박스, 조그만 장식품들로 가득 찬, 너무나도 어수선해 앉을 자리조차 없는 방으로 들어가는 것과 같은 느낌이다.

물건들을 마구 밀쳐내고 모퉁이에 자신을 위한 작은 자리 하나를 마련한다. 물론 방을 완벽하게 깨끗이 치울 필요는 없다. 그 물건들이 바로 당신 앞에 놓였던 문제들이며 여전히 그곳에 존재한다. 그러나 지금은 적어도 당신이 있을 만한 공간이 생긴 것이다.

"지금은 한 발 뒤로 물러서세요. 기분 나쁜 물건들을 본인 앞에 잘 챙겨두고 하나씩 집어 들어 살펴보세요."

그녀는 물건을 치우고 자신의 공간을 만들었다. 그녀가 생각하고 찾아낸 두 가지 문제점은 테드가 돌아오기만을 바라는 것과 임신했을지도 모른다는 두려움이었다.

"두 가지 중 무엇이 더 나쁜가요?"
"가장 고통스러운 것은 테드에 대한 그리움이에요."

그녀는 다시 흐느끼기 시작했다.

"외로움이에요. 아무도 다시 돌아와주지 않는다는… 아무 소용이 없어요."

불안한 마음에 그녀는 다시 자기 파괴적인 감정의 소용돌이에 휩싸이기 시작했다. 나는 그녀를 가로막았다 (포커싱하는 법을 배우면 자신의 행동을 중단하는 법도 배운다). 그리고는 이렇게 말했다.

"그곳에서 아래로 한번 내려가봅시다. 그보다 나쁜 것이 무엇인지 살펴보세요. 잠시 동안 고요히 거기에 머무르세요. 이제 모호한 신체 감각이 느껴지는 곳으로 이동해보세요."

———

그녀는 무엇을 해야 할지 알고 있었다. 예전에 포커싱을 한 경험이 있었다. 그런데 왜 자신에게 포커싱하지 않고 나와 통화하기를 원했을까? 대답은 간단하다. 그녀에게는 지금 곁에 있어줄 사람이 필요하기 때문이다. 비록 전화기로 들려주는 친절한 목소리일 뿐이라도 말이다.

그녀처럼 당신이 감정의 덫에 걸려 도저히 빠져나갈 길을 찾지 못한 적이 있다면 더욱 잘 이해할 것이다. 이럴 때 필요한 것은 "괜찮아. 잠시 앉아서 조용히 생각해보자"라고 말해주는 친구의 목소리인 경우가 많다. 당신이 무기력해하며 스스로 감정의 소용돌이를 중단시킬 수 없을 때는 친구가 대신해줄 수도 있다.

그녀가

고통스러웠던

진짜 이유

포커싱 두 번째 활동 : 감각 느낌

⋮

페이가 포커싱의 두 번째 활동으로 넘어가는 동안 나는 전화기에서 들려오는 고요함에 귀를 기울였다. 그녀는 '테드에 대한 모든 것이 사라지는' 느낌과 접속하고 있었다. 마치 숙련된 골퍼나 장대높이뛰기 선수가 각각의 분리된 신체 동작들을 하나의 연결 동작으로 만드는 것과 비슷하다.

포커싱 세 번째 활동 : 핸들

:

감각 느낌을 얻은 그녀는 그것의 특성에 맞는 '핸들 handle'을 가지게 되었다(세 번째 활동). 핸들은 감각 느낌의 특성에 가장 알맞은 표현이다. 마침내 그녀는 느낌에 대한 단어들을 확인하고는 모두 옳다는 사실을 발견했다. 그녀가 말했다.

"그것들 모두가 '분노'와 유사한 단어들이에요. 도저히 이유를 모르겠어요. 마치 내가 화가 나 있는 것처럼… 그런데 왜 내가 화를 내야 하는 거죠?"

그녀는 스스로에게, 또 내게 지적인 분석을 요청했지만, 나는 단 한 가지도 제공해주지 않았다. 포커싱은 분석을 피하기 때문이다. 나는 그녀가 분석하는 것을 막기 위해 그녀에게 말했다.

"감각 느낌으로 돌아가서 자신의 분노가 무엇인지 물어보고 직접 확인해보세요."

질문이 포커싱의 '다섯 번째 활동'이다. 그녀는 감각 느낌에게 분노가 무엇인지 직접 물어보았다. 그때 나는 그녀의 한숨 소리를 들었다. 그녀의 내면에 있던 나쁜 무언가에 전환이 생긴 것이다. 전환이란 내면의 조밀했던 부분이 느슨해지며 나타나는 무언가의 변화나 움직임에 대한 명확한 신체적 느낌이다. 한 차례의 침묵이 흐르고 그녀가 말했다.

"저는 제 자신에게 화를 내고 있었어요. 이게 바로 대답이에요. 제가 사랑하지도 않고 아무런 느낌도 없는 남자들과 함께 잠자리를 하기 때문이에요."

분석이 해답을 만들어내지는 않는다. 자신이 알아내기보다 감각 느낌에게 들어야만 한다. 그다음 다시 포커싱 활동을 통해 문제 해결책과 관련된 전환을 기다리면 된다. 감각 느낌이 변할 때마다 아주 작은 전환이라도 일어난다. 다시 침묵이 흐르고 다음 단계가 진행되었다.

"특히 랄프와 함께 자는 바람에 제가 낙태를 해야 될지도 모른다는 생각이 들었어요. 그래서 자신에게 화가 났던 거죠. 저는 좋아하지도 않는 사람과 잠을 자는 나에게 욕을 하고 있었어요."

또 한 번의 깊은 심호흡이 이어졌다. 가끔은 지금의 전환이 이전에 나타났던 전환을 분명하게 하거나 정교하게 만든다. 바로 방금 그녀에게 일어난 일이다. 그녀가 '나에게 욕을 하고 있었어요'라고 말했을 때, 이전에 있었던 전환에서 계속 이어진 것이다.

그러나 그녀의 다음 단계는 이전의 연속성을 바꾸어 놓았다. 포커싱을 할 때는 자신에게 일어나는 일들을 반드시 받아들여야 한다. 신체에서 나타나는 변화들이 논리적이지 않은 경우가 자주 있는데, 포커싱 중에도 예외는 아니다. 이는 예측 불가능하거나 대단히 황홀한 경험일 수도 있다.

"아주 낙심한 느낌도 있어요."

그녀가 말을 이었다. 잠시 후 그녀의 무거운 좌절감

이 열리며 세부적인 내용들이 나타났다.

"모두 내가 좋아하지 않는 남자들에 관한 거예요. 나는 그들에게 성적 매력을 전혀 느끼지 못하는데……."

그녀는 잠시 동안 아무 말이 없었지만, 마치 자신에게 "낙심했어"라고 말하는 소리가 내 귀에도 들리는 듯했다. 확실히 그것은 느낌과 일치하지는 않았다. 만족하지 못한 것처럼 들리는 그녀의 목소리가 잘 말해주고 있었다. 그녀는 감각 느낌으로부터 좀 더 정확한 단어를 들을 수 있지 않을까 하는 생각에 느낌을 다시 확인해보았다. 그리고 특정한 신체 감각과 연결하려고 시도했다.

페이의 이러한 경험은 포커싱에서는 일반적인 현상이다. 변화가 시작되지만 이상하고 묘하게 불완전한 것처럼 보인다. 그것은 전환의 시작을 알리는 신호이긴 하지만, 더욱 완전한 전환도 가능하다(당신의 몸은 안다). 당신은 자신의 신체적인 느낌에 초점을 맞추고 느낌이 발생하기만을 기다려야 한다.

"지쳤어요!"

갑자기 그녀가 소리쳤다. 그녀가 안심하고 있다는 느낌이 목소리로 명확하게 전달되어 왔다. 완전한 전환이 일어났다는 의미였다.

"바로 그거예요. 정말 지쳤어요. 저는 남은 평생 동안 계속해서 따분하고 둔한 남자들만 만나며 시간을 보내겠죠. 성적 매력 따위는 절대 느끼지도 못할 거고. 게다가 그런 행동을 멈출 수도 없을 거라는 느낌이 들어요. 그런 남자들이 제 앞에 끝없이 줄을 서서 무표정한 얼굴로 서 있겠죠. 제 인생이 끝날 때까지 여러 줄로 연결되어 있는 모습이 보였어요. 저는 성적인 느낌이 없는 내 자신을 비난하고 있었어요. 이것이 그 이유예요."

나는 그녀가 좀 더 말을 하도록 기다렸다. 그녀는 포커싱을 통해 지금 자신에게 필요한 것을 이루었다고 분명 느꼈다. 갑자기 이렇게 말한 것이다.

"기분이 훨씬 좋아졌어요. 너무 후련해요!"

후련하다고? 이성적인 관찰자인 내게는 그녀가 후련해할 이유가 어디에도 없었다. 처음 내게 전화했을 때 존재했던 문제들과 그녀에게 자살 충동까지 불러일으킨 문제들은 여전히 남아 있었다. 그렇다면 포커싱을 통해 그녀가 이룬 것은 도대체 무엇일까?

바로 내면을 바꾼 것이다. 외로움이 문제였다. 첫 번째 전환으로 그것은 그녀 자신에 대한 분노가 되었고, 두 번째 전환으로 그녀 자신에게 욕을 하는 느낌이 되었다. 그러자 아주 극심한 실망감이 찾아왔고, 신체적인 해방감과 함께 다시는 성적 느낌을 느끼지 못할 것이라는 확신으로 드러났다. 그녀가 마지막으로 감지한 순간에도 그것은 몸 안에서 변화되었다.

이런 경우 사람들은 얼마나 많은 변화가 일어났는지 알지 못한다. 하지만 신체적인 전환만으로도 변화가 일어난다. 심지어 어떤 변화는 깊은 내면에서 문제를 느끼고 접촉하는 단순한 신체적 완화로도 발생한다.

처음 내게 전화했을 때 그녀의 나쁜 느낌들은 몸 구

석구석으로 퍼져 있었다. 그녀의 몸 전체가 상처를 받은 상태였다. 그러나 지금 그녀는 문제를 신체의 일부분으로 국한시켰고 문제도 전환되었다. 결국 그녀의 나머지 신체 부위들은 상처에서 해방된 것이다.

포커싱은 그녀가 절망하는 동안 도움을 주었다. 이후 몇 달 동안 그녀는 계속해서 포커싱을 통해 내면을 바꾸어 나갔다. 결국 그녀의 성생활과 삶의 몇 가지 고통스러운 측면들은 보상을 받았다.

그녀는 포커싱을 하나의 생활방식으로 만들어 갔다. 위기 시에 사용하는 치료 도구 이상이 되었고, 일상생활에서 편안하고 친숙한 일부분이 되어 힘들 때마다 활용하고 있다.

05.

계획대로

되지 않으면

감정적인 사람들

명확하지 않은 불편함을 느끼는 사람들

:

프레드는 한 번도 벗어나보지 못한 응어리가 가슴에 맺혀 있었다. 어떤 날에는 응어리가 더 아파왔다. 그가 처음 효과적으로 포커싱을 했던 날에 특히 그랬다. 그날은 시작도 나빴고 사장과의 다툼도 있었다.

제조회사의 영업이사인 그는 재미있는 사람이었다. 회사는 예전보다 실적이 좋지 않지만, 조직을 다시 구성해 문제를 해결할 수 있다고 믿고 세부계획을 짜놓은 상태였다. 그는 자신이 창의적이라고 느꼈다. 그러나 그의 계획은 회사의 과감한 변화를 포함하고 있었다. 결국 그는 사장과 말다툼을 하게 되었다.

언쟁으로 인한 감정의 찌꺼기가 프레드의 가슴에 하루 종일 머물렀다. 일을 마친 저녁에 그는 그다지 효과가 없었지만 익숙한 접근법들을 모두 시도해보았다. 그러는 동안 자신에게 설교했다.

"침착해야 해! 사소한 문제들이 나를 너무 망쳐놓았어. 반드시 이겨내야 해! 냉정을 잃지 말자!"

자기 설교self-lecture가 끝나고도 여전히 프레드의 가슴에는 응어리가 남았다. 그는 사장과의 논쟁을 떠올리며 주변을 이리저리 서성이다 혼잣말을 했다.

"사장이 그런 말을 했을 때 나는 다르게 말해야 했어?"

프레드의 행동은 감정적 긴장만 더 높일 뿐이었다.

그는 문제가 생기지 않은 척 속임수도 써보며 자신에게 말했다.

"실제로는 아무 일도 일어나지 않았어. 사장은 이번 일이 있기 전부터 오랫동안 내 의견을 알고 있었지. 나도 사장의 생각을 알고 있었고. 언쟁은 아무것도 바꾸지 못했어. 숨겨져 있던 문제가 말다툼으로 공공연히 드러났을 뿐이야. 그렇다면 나는 기분이 나쁘기보다 좋아야 해. 맞아! 나는 지금 기분이 너무 좋아!"

그러나 그의 가슴엔 계속 응어리가 남았다. 그는 분석하려고 애썼다.

"사장은 구시대적인 사람이야. 일 처리도 옛날 방식을 고수하고 변화를 두려워해. 그것이 바로 사장의 약점이지. 내 약점은 기본적으로 권한을 가진 연장자를 두려워한다는 건데……"

그래도 그의 내면은 여전히 긴장을 늦추지 않았다.

개인적인 문제가 모두 사실일지라도, 그것이 무엇인지 직접 느끼기 위해 내면으로 들어가는 것과는 사뭇 다르다.

그는 기분 전환을 위한 모든 노력이 수포로 돌아가자 바에 가서 술을 두어 잔 마셨다. 하지만 기분이 조금 나아질 뿐이었다. 몸 안으로 들어온 알코올 덕에 고통이 조금 잦아들었을 뿐, 아직도 가슴속 응어리가 느껴졌다.

그날 밤늦게 술에서 깬 그는 포커싱을 시도했다. 포커싱을 배웠지만 아직까지는 잘되지 않은 상태였다. 하지만 침대 가장자리에 앉아서도 쉽게 포커싱을 하는 자신을 발견했다. 아래는 그가 내게 알려온 내용이다.

"저는 머릿속에서 요동치는 설교와 논리적 분석을 포함한 모든 소음들을 중단했어요(적어도 소리를 줄였어요). 단지 사장과의 다툼이 아니라 그 문제를 둘러싼 수천 가지의 세부적인 느낌을 얻기 위해, 나의 일과 미래에 관한 모든 관심사와 내가 인생에서 무엇을 하고 있는지에 주의를 기울였죠."

이러한 크고 모호한 느낌이 바로 내가 '감각 느낌'이

라고 부르는 것이다. 다음으로 그는 감각 느낌의 핵심을 조사했다. 그는 명확하지 않은 불편한 느낌을 가지고 있었다.

"저는 제 자신에게 '그중 가장 나쁜 것은 무엇인가?' '가장 고통스러운 곳은 어디인가?'라고 물었어요. 그것을 파악하려고 노력했는데, 너무 이상하게 내 자신에게 말을 걸 수 없었어요. 뭔가 낯선 느낌이었죠. 벽에 삐뚤게 걸린 그림이나 책꽂이에 거꾸로 꽂힌 책처럼 뭔가 제대로 되지 않은 느낌이었어요.

그때 '낯선' '벗어난'이라는 단어를 얻었어요. 정확하지는 않아도 완전히 잘못된 단어는 아니었어요. 나는 의미에 아주 근접했다고 생각했죠. 거의 생각날 듯 혀끝에서 맴도는 느낌이었거든요. 마치 퀴즈 쇼에서 정답은 알지만 말로 설명하기는 어려운 느낌이었어요. 예전에는 포커싱을 통해 그렇게 멀리까지 가본 적이 없어요. 만일 선생님께서 항상 말씀하신 감각 느낌을 몰랐다면 그런 느낌을 가지지도 못했을 거예요. 이제는 나도 느꼈다고 생각해요. 순간 '부적합한'이라는 단어가 떠올랐어요. 나의 단어였죠. 그러자 단단히 죄어 있던 내면이 느슨해지면서 응어리를 느꼈어요. 곧바로 알아차렸지요.”

　그에게는 개별적인 질문활동이 필요하지 않았다. 몸
의 전환과 해방감이 단어와 함께 찾아왔기 때문이다. 몸
이 느낀 ‘부적합한’이라는 단어는 직장에서 일어난 자신
의 모든 행동들을 설명한다. 즉, 사장과 벌인 논쟁이나
판매 조직을 재편성하기 위해 공들인 계획 등 모든 것이
부적합했다. 그의 직업은 인생에서 진정으로 원하던 일
이 아니었기 때문이다.

　그는 자라면서 현실에 익숙해졌고, 젊은 시절의 꿈
들도 모두 놓쳐버렸다고 오랫동안 생각해왔다. 지금은
응어리가 내면에서 느슨하게 풀어지는 느낌인 몸의 전환
을 통해, ‘부적합한’이라는 단어와 함께 등장한 무언가를
알게 되었다. 그는 한순간에 모든 것을 깨달았다.

　“재편성 계획에 그토록 화가 난 이유는 그 계획이 내 인
생을 개선해주길 바랐기 때문이에요. 덕분에 어리석은 행
동을 하고 말았죠. 내 인생에서 요구하는 바가 너무 커서
그 계획으로는 불가능한데도 말이죠. 그걸 몰라서 나는

직장에서 함께 지내기 힘든 사람이 되어버렸어요. 마치 내가 계획에 안 맞는 엄청난 느낌의 세기에 반응한 것 같 아요. 내 느낌의 세기는 그 계획에 부적합했고, 직장에서 도 부적절한 행동으로 나타났던 거예요. 물론 나의 일이 창의적이라고 느낄 수 있기에 그 계획을 원했다는 것은 알아요. 그러나 그 계획이 내 인생의 전부가 되도록 내버 려두었다는 점은 몰랐어요. 내가 실행하지 못하는 부분이 죠. 내가 냉정함을 찾지 못했던 것은 아마도 당연한지도 몰라요."

프레드는 자신이 그 계획에 무엇을 투자했는지 몰 랐지만, 그의 몸은 알고 있었다. 이제 그에게 필요한 것 은 '질문'이었다. 그는 이미 답을 알고 있다고 생각했기 때문에 분석적으로 판단할 수 없었다. 만일 누군가가 그 에게 충분히 생각해보라고 했다면, 아마도 그 계획은 자 신이 원하는 창의적인 사람이 된 느낌을 주었다고 대답 했을 것이다. 그런 단순하고도 진실한 대답으로 인해 그 는 문제가 자신의 몸 안에 있다는 실제 상황을 바로 받아 들이지 못했을 것이다. 또한 그의 마음이 일에 관한 세부

내용과 사람들로 관련된 생각으로 가득 차 있어서 분석적으로 판단할 수도 없었을 것이다.

그날 저녁 프레드는 내면의 긴장이 풀릴 때까지 포커싱을 통해 이야기를 만들어갔다. 페이의 사례와 마찬가지로 프레드 역시 자신의 문제를 완전히 해결하지 않았다는 점에 주목할 필요가 있다. 하지만 그는 자신이 원하지 않는 일에서 분리되어 재편성 계획에 관해서도 편안해졌다. 그는 앞으로 자신의 계획이 훌륭하다고 생각해 계속 밀고 나갈 테지만, 다른 사람들의 반대에 좀 더 귀를 기울이고 보다 쉽게 자신의 계획에 그들을 포함시킬 것이다.

이로써 업무와 관련된 직접적인 긴장은 풀렸다. 그로 인한 몸의 전환은 또 다른 변화들을 유발했다. 그의 인생을 변화시킬 특별한 무언가가 아무 대가도 없이 일어났다.

"개인적인 계획을 포함한 많은 계획들이 받아들여지더라도 업무에 만족하는 일은 전혀 없을 거라고 생각했어요. 아마도 제가 틀렸나봐요. 지금 아주 기분이 좋거든요. 평소 같으면 낙심을 해야 하는데 말이죠. 분명 나는 인생을 그렇게 바꿀 수는 없어요. 그에 대해 지금까지 생각해보지 않은 것은 아니에요. 그러나 한편으로는 무언가 다른 것을 원하는 나의 내면 역시 이전보다 좀 더 해방되었죠. 바로 내 안에 있는 '삶에 대한 욕망'이었어요. 나는 더 이상 그것을 억압할 필요가 없어요. 이유는 모르지만 내 안에 자리한 것이 약간 들떠서 말하네요. '우리는 변할 거야!' 사실 아직은 어떻게 해야 할지 몰라요. 만약 내가 순수하게 객관적이라면 분명 낙담할 거예요."

내면의 두려움이나 다른 장애물들을 만나기 위해서는 좀 더 많은 포커싱이 필요하다. 그는 처음에 내부와 외부의 변화들이 무엇을 위해 자신에게 다가오는지 알지 못했다. 그러나 그 이후 완전히 새로운 삶이 열렸으며, 실제로 그는 자신의 직업을 바꾸지 않고도 새로운 관심사들을 실천할 수 있었다. 결국 프레드는 더 나은 발전을 이루었다. 아마 다른 사람이라면 같은 상황에서 직업을 바꾸거나, 아니면 재편성 계획을 정확하게 실행할 필요가 없다는 사실에 안도했을지도 모른다.

일반적으로 포커싱은 더 깊은 단계로 이끌어주지만, 가끔은 깊은 내면이 평화로운 상태여서 더 이상 변화가 필요 없는 경우도 발생한다. 반면 그의 삶은 새로운 방향으로 나아갈 수 있었다.

　　예전의 그에게 업무에 관한 설명을 해보라고 했다면, '나의 내면을 곤경에 빠뜨리는 지극히 중요한 업무'라고 썼을 것이다. 하지만 이제 그는 자신의 업무를 '삶의 작은 일부'라고 여긴다. 같은 업무, 같은 사람이라도 자신의 인생 목표에 완전히 새로운 전망을 지닌 사람이 자기 업무를 가장 잘 처리한다.

06.

두려워서

자신을 가두는

사람들

대학 진학에 관한 오래된 감각 느낌

⋮

처음 에블린을 만난 것은 시카고의 한 모임 '체인지Change' 를 찾았을 때였다. 그들은 포커싱을 실행하면서 서로의 말에 귀를 기울이며 다양한 방식으로 돕고 있었다. 에블 린에게는 삶의 목적도, 목표도 관심을 끌 만한 것도 없었 다. 그녀는 시간제로 일하고 있었지만 자신에게 맞는 직 업에 대해서는 생각조차 하지 않았다. 또한 남녀 간의 관계에서 진정한 성적 만족을 얻지 못한다면 그것은 성적 착취라고 느꼈다. 그녀는 과체중에 흐릿한 눈빛을 하고 슬픈 표정을 지었으며 아주 조용한 편이었다.

포커싱에 참여하거나 관련 리포트를 낸 사람들 중에는 간혹 내가 설명하는 포커싱의 단계들을 어렵게 생각하는 사람들이 있다. 포커싱을 하면 내면의 풍요로움을 발견한다. 또 자신뿐만 아니라 다른 사람들의 내면에 존재하는 풍요로움도 발견한다. 이 풍요로움을 경험한 사람이라면 인생이 절망적이라고 생각하지 않을 것이다.

사실 세상 누구도 하나의 '전형'으로 볼 수는 없다. '전형'은 사람들의 표면적이고 일시적인 측면만을 나타내기 때문이다. 모임 '체인지'에 찾아오는 사람들은 이 점을 반복해서 보여준다. 스스로를 파괴하고, 좌절하고, 무기력하고 따분한 모습으로 충격을 주던 사람들이 나중에는 독특하고, 훌륭하고, 매력적인 사람으로 밝혀지기도 한다.

나는 에블린의 첫인상을 기억한다. 에블린이 포커싱할 때마다 로리라는 여성이 귀 기울여 들어주었지만, 에블린은 전혀 느낌이 없는 듯했다. 오로지 외부 환경과 다른 사람들에 대해서만 말했다. 자신의 내면에 느낌이 없다는 사실이 그녀를 더욱 불안하게 만들었다.

이미 몇몇 학교와 지역의 치료사들이 에블린을 도와주기 위해 노력했지만, 주목할 만한 성과 없이 모두 헛수고가 되고 말았다. 사실상 그들은 가망이 없다며 그녀를 포기했다. 하지만 로리는 그녀를 포기하지 않고 낸시에게 도움을 요청했다. 그녀를 돕던 두 여성은 '느낌이 없어서 불안한 것 자체가 느낌'이라는 사실을 깨달았다. 두 여성과 함께 다른 사람들도 그녀의 말을 경청하며 몇 개월 동안 포커싱을 하도록 도와주었다.

이 책을 쓰기 위해 나는 체인지 사람들에게 상담 내용 중 일부를 녹음해달라고 요청했다. 에블린의 사례가 그중 하나였다. 그녀는 커다란 성과를 만들어낼 특별한 포커싱 수업을 진행하도록 허락해주었다. 그러나 해당 수업이 진행되기도 전에 에블린은 이미 다른 사람이 되어 있었다. 그녀는 총명했으며, 사상가처럼 정확하게 자신의 느낌을 구별할 수 있었다. 그녀의 내면에는 처음 모습과는 정반대되는 것들이 존재했다. 포커싱 비법 수업이 진행되는 동안 그녀는 교육에 대해 염려하고 있었다.

"저는 대학에 가야 한다고 생각해요. 모든 사람들이 대학에 가야 한다고 말하고 있고, 저도 좋은 충고라고 생각해요. 만약 흥미를 느끼는 일을 하고 싶다면 그래야 한다는 사실을 잘 알고 있어요. 하지만 저는 그러고 싶지 않아요."

잠시 침묵이 흘렀다.

"사실 저는 모든 것을 다 포기해야만 해요. 학비를 대려면 정규직을 구해야 하고, 그러면 숨 쉴 시간조차 없겠죠. 모든 것이 긴장의 연속일 거예요."

그녀는 스스로 말을 끊었다. 그녀는 자신의 문제를 알고 있었으며, 오랫동안 머릿속에 들어 있던 익숙한 이유들을 반복했다. 고요하게 포커싱을 하면서 자신에게 나타나는 것을 조용히 살펴볼 때가 된 것이다. 그녀는 한숨을 쉬었고 긴 침묵이 흘렀다. 마침내 그녀가 입을 열었다.

"글쎄요, 생활비는 벌어야 하고 시간은 없다지만 그게

전부는 아니에요. 사실이 아니라고요."

그녀는 울기 시작했다.

"강한 확신 같은 것이 필요해요. 진지하게 생각했을 때 제게 어떤 자질이 있어야 할 것 같아요. 그러니까 이성적 인 자질, 두뇌나 창의력 같은 걸 말하는 거예요. 저는 이 성적인 사람들과 함께하고 싶고, 독서와 토론을 좋아하 고 세상이 궁금해요. 이 이성적인 자질이 심각하게 중요 하다고 생각해요."

그녀는 첫 번째 전환을 달성했다. 내면에 빽빽하게 조여 있던 부분이 느슨해졌다. 그녀의 울음은 해방감을 보여주는 확실한 증거였다. 또다시 침묵이 흘러 이제는 두 번째 전환이 일어날 차례였다. 포커싱에서 자주 일어 나는 현상은 생각의 방향이 바뀌고 새로운 관점이 추가 되는 것이다. 이것은 예전에 자신이 했던 말과 모순되어 나타날 수도 있다.

"글쎄요, 그건 정확하지는 않아요. 저의 이성적인 자질을 심각하게 여긴다는 것 말이에요. 저는 이성적일 수 있지만 학교는 그것을 방해해요. 학교는 제가 그렇게 사고하는 것을 막을 거예요. 학교가 너무나 고통스럽게 느껴지는 이유예요. 제 자신을 진지하게 받아들일 확신이 없으니까, 선생님들이 '너의 생각이 좋네'라고 말해주길 원해요. 이성적인 사람들이 '그래, 넌 괜찮아. 넌 생각할 수 있어'라고 말해주기를 원하고요.

하지만 그런 선생님은 없었어요. 아무도 저의 이성적인 자질을 원하지 않았어요. 그들은 항상 허드렛일이나 생각 없이도 할 수 있는 일들만 시켰어요. 그래서 스스로 내면의 자아로 돌아가도록 강요해야 했어요. 저의 이성적인 자질을 아무도 원하지 않아서 멀리 떨어진 곳에 숨겨놓아야 했어요. 마치 제가 드러나기를 싫어하는 것과 같아요. 학교로 돌아가는 것에 대한 제 느낌이기도 하고요. 선생님도 알고 계시는 제 자신을 가두는 그 느낌이죠."

:

테이프에는 각 주기와 다음 주기 사이에 침묵하는 부분
이 있었다. 바로 그녀가 포커싱을 실행하는 부분이었다.
문제와 관련하여 몸에 전환이 발생할 때마다 그녀는 다
시 말을 이어 갔다. 자신의 문제를 두고 그녀가 하는 말
은 다채로웠다. 또다시 침묵이 이어지고, 그녀는 포커싱
을 하는 듯했다.

그녀는 오로지 자신이 말한 문제에만 집중하지는 않
았다. 대신 전체적으로 불쾌한 느낌, 즉 여전히 풀리지 않
은 듯 새롭고 모호한 몸의 느낌에 포커싱을 했다. 이런 식
으로 자신이 말한 문제의 생각과 느낌에 갇히지 않았다.

어떤 문제가 각각의 몸의 전환에 해당하는지 주목할
필요가 있다. 오직 문제와 관련된 생각과 느낌에만 포커싱
하여 해결하려는 시도가 별 도움이 되지 않는 이유이다.

그녀는 다시 울기 시작했다. 또 다른 전환이 일어났다.

"선생님들이 생각하는 것과는 달라요. 음, 제가 드러나는
것을 막고 있는 건 내면의 불신이에요. 바로 제 자신 말이

에요. 저는 많은 기대를 안고 대학에 갈 것이고, 평소와 같은 학교생활을 하겠죠. 다시 저는 실망하고 상처를 받을 겁니다. 항상 똑같을 거예요. 맞아요. 그것이 바로 지금 느낌이에요. 절대 변하지 않을 거라는 느낌 말이에요."

그녀는 한숨을 쉬었다. 잠시 고요가 흐르고 또 다른 전환이 일어났다.

"아, 맞아요. 단지 그것만은 아니에요. 밖으로 드러나지 않는 것인데 학교는 아니에요. 늘 그랬어요. 거의 모든 것에서 저에 관해 그렇게 느껴왔어요. 너무나 오랫동안……"

침묵이 흘렀다. 그녀는 다시 내면의 소리를 들었고 입을 열었다.

"저는 제 자신을 내면에 가두려는 경향이 있어요. 왜냐하면 제가 봐서는 안 되는 것이 있기 때문이에요. 만일 제가 드러난다면 그것을 보게 되겠죠? 네, 맞아요. 그럴 거예요."

그녀는 한참을 울었다.

"무엇인지는 모르지만 제가 보면 안 되는 뭔가가 있어요. 물론 제가 드러나면 볼 수 있을 테지만요. 안 돼… 사람들이 보게 될 거예요. 나도 보게 될 거고요. 그래서 저는 뭐든 봐서도 들어서도 안 돼요. 아, 저는 항상 혼란스러워요."

다시 그녀는 울었다.

"저는 혼란스러운 상태로 아무것도 보지 못한 채 살아야 해요. 사람들이 그것을 보지 못하게 하려면 제가 드러나선 안 돼요."

그녀가 그 무언가의 감각 느낌에 포커싱을 하는지 오랜 침묵이 이어졌다. 아주 오랫동안 테이프에는 고요한 침묵뿐이었다. 사람들에게 절대 보여서는 안 될 무언가가 그녀 자신을 내면에 가두어버렸다. 알려지지 않은 그 무언가는 그녀에게 잘못된 것이어서 항상 보지 않으려고, 마주치지 않으려고 애썼다. 그것과 마주치지 않기 위해 노력하는 과정에서 너무나도 확실하게 그녀는 스스로 무언가를 보거나 듣기를 막아왔던 것이다.

테이프에서는 아무 소리도 들리지 않았다. 그래도 나는 그녀가 막연한 감각 느낌, 즉 '자신이 마주쳐서도, 사람들이 봐서도 안 되는 그녀에 관한 무언가'의 모든 감각 느낌에 포커싱을 하고 있다는 사실을 알았다. 그녀의 울음소리가 들렸다.

"제게 무언가 잘못된 것이 있어요! 제가 드러나면 사람들이 보게 되겠죠."

또 다른 전환이 찾아왔다.

"그게 전부예요."

잠시 후 그녀는 계속해서 말을 이어 갔다.

"저 아래 깊은 곳에 아주 오래된 느낌이에요. 그 무언가

는 끔찍하게도 잘못되었어요. 도대체 모르겠어요. 무언

가 끔찍한 것인데… 그래서 저는 조심해야 하고 드러나

서도 안 돼요. 그러면 사람들이 볼 것이고 저도 봐야 하

니까요."

07.

두려움에서

희망과

기대로

변화된 감각 느낌이 가져다준 것들

⋮

그녀가 포커싱을 하지도 않고, 자신의 내면과 접촉하지도 않았다고 생각해보라. 모든 내면적 의혹에도 불구하고 억지로 대학에 가도록 자신을 강요했다고 상상해보라.

이런 몸의 느낌을 가진 상태에서는 대학생활도 끔찍할 수밖에 없을 것이다. 아마도 그녀는 자신 앞에 놓인 장벽을 계속 느꼈을 것이고, 이것이 바로 학교가 늘 했던 방식이라고 말했을 것이다. 물론 사실이긴 하지만 단지 커다란 진실의 일부에 지나지 않는다.

이제 그녀는 괜찮아졌다. 그녀의 몸 중 가혹하고 비참한 부분들은 제한되었고, 나머지 부분들은 해방되었다. 몸의 느낌이 달라졌기 때문에 그녀는(프레드처럼) 이전에는 어렵거나 불가능했던 실질적인 단계들을 실행하고 새로운 방식을 취할 수 있었다.

오래된 감각 느낌은 그녀가 대학에 가고 '밖으로 드러나는' 것을 허락하지 않았을 것이고, 그녀의 말대로 '이성적인 자질'을 효과적이고 쾌활하고 자신감 넘치는 방식으로 끌어내지도 못했을 것이다. 하지만 오래된 감각 느낌이 바뀌었다. 변화된 감각 느낌은 그녀가 희망과 기대를 가지고 대학에 진학하게 해줬을 뿐만 아니라, 대학에서 자신이 하는 일에 관심도 가질 수 있게 했다.

드러난 문제가 한 번에 모두 해결되지는 않아서 그녀는 다른 학생들보다 열심히 노력해야 했다. 또 이성에 대한 애정을 보여주지 못한 기간이 있었지만, 그녀의 창의적인 사고 능력은 점점 더 많이 드러났다. 그녀도 그것을 알아차리고 신뢰할 수 있었다. 오로지 몸 전체가 느끼는 방식의 변화를 통해서만 가능한 일이었다.

에블린의 사례는 포커싱에 대한 중요한 특징을 설명해준다. 상황을 합리적으로 분석하려는 사람들에게는 권장하지 않지만, 드러나면 특이하게도 더욱 좋아진다는 것이다.

포커싱 과정에서의 한 가지 효과는 숨겨진 지식의 조각이 의식적인 인식 단계로 올라온다는 점이다. 이보다 더 중요한 효과는 몸의 전환, 즉 감각 느낌의 변화다. 몸으로 감지된 지식의 강화(사실상 몸에서 마음으로의 지식 '전송')는 모든 포커서들이 경험한다.

종종 전송된 지식은 어려운 문제의 일부가 되거나, 당신의 기분을 더 나쁘게 만들 수도 있다. 결국 예전에는 몰랐던 나쁜 무언가를 알게 된다. 논리적으로는 기분이 더욱 나빠져야 하는데, 실제로는 오히려 더 좋아진다. 몸이 보다 나아지며 자유롭고 이완된 느낌을 받기 때문이다. 몸 전체에 있던 압박감이 줄어들고 활기를 되찾는 것이다.

당신은 몸 전체에 나쁜 영향을 주던 문제를 작은 부위로 제한한다. 그로 인해 즉각적으로 자유로워진 느낌은 몸의 전환이 있었음을 알려준다. 문제 해결책을 향해 몸이 이동하는 것이다.

처음에는 아무리 두렵고 다루기 힘든 문제라도 다음 전환에서 달라질 것이라는 사실에 포커서는 익숙해진다. 기분을 나쁘게 만드는 무엇이든 마지막 단계까지 이어진 경우는 없다. 이런 이유로 인해 '무언가 끔찍한 것'이 항상 자신에게 문제만 일으켜왔다는 느낌과 접속하자 에블린은 기분이 더 좋아졌다.

원인 불명의 부정한 것이 나타날까 두려운 마음에 자신을 계속해서 숨겨왔다는 사실을 알면, 분석적인 관찰자는 마치 악몽처럼 느낄지도 모른다. 그러나 에블린의 기분은 더 나아졌다.

에블린이 분명 울긴 했지만 그 울음은 안도감이 들어서였다. 마침내 그녀의 몸에 갇혀 있던 내면이 내는 소리를 들었기 때문이다. 울음은 종종 오랫동안 갇혀 있던 자아를 최초로 동요시키는 행위가 된다. 더구나 그녀는 예전의 다른 이들처럼 추가적인 포커싱을 통해 깊은 곳으로 이동할 것이라고 확신했다.

포커싱을 잘하고 있을 때에는 자신에게 다가오는 어

떠한 느낌도 반갑게 느껴진다. 자신의 내면이 말하는 "넌 끝났어!"를 들을지도 모른다. 하지만 당신은 그 말에 온화하게 이해심을 가지고 주의를 기울이며 말할 것이다.

"오, 흥미롭군. 끝난 느낌이라니. 내면에 그런 느낌이 존재한다면 내가 갇혀 있다고 느끼는 것도 당연하지. 드디어 나타나줘서 고맙군. 어디에서 그런 느낌이 비롯되었는지 알아보자."

당신이 예전에 단지 몇 분 만에 자신의 문제를 신체적으로 변화시키고 해결하는 느낌을 경험했다면 이런 태도를 취할 수 있다.

내면이 변하면 외면도 변한다

⋮

에블린의 녹음 수업이 끝나고 몇 개월 후 체인지 그룹 회의에 대략 80명 정도 되는 사람들이 모였다. 방 안을 홀끗 둘러보다 강렬하고 이지적인 눈매를 가진 아름다운 여성이 앉아 있는 모습이 보였다. 나는 "도대체 누구지?

모임의 새로운 회원인가?"라고 혼잣말을 했다. 순간 나는 그녀가 에블린이라는 사실을 깨달았다. 그녀를 본 지 겨우 몇 주밖에 지나지 않았지만, 한동안 그녀를 가까이에서 본 적은 없었다. 나는 그녀의 지적인 영특함을 잘 알고 있었다. 심지어 나의 저술 작업을 도와주기까지 했지만, 그런 모습의 에블린은 지금까지 보지 못했다!

사람의 내면이 변하면 신체적인 모습도 변한다. 처음에는 외견상 뚜렷하게 나타나지 않을 수도 있다. 몸의 전환에 따른 순간적인 이완과 편안함, 더 나은 혈액 순환과 깊은 호흡 등을 제외하면 말이다. 그러나 오랜 기간 동안 다양한 문제로 많은 전환을 경험하면서 얼굴과 행동, 몸 전체에 확실히 눈에 띄는 변화가 나타난다. 실로 놀라운 변화다. 이후 에블린은 자신에게 잘못된 느낌이 무엇이었는지 추적해보았다. 그것은 어머니에게서 비롯된 것이었다. 그녀의 어머니는 늘 이렇게 말했다.

"에블린에게 무언가 잘못된 것이 있어요. 얘는 다른 아이들과 달라요."

그녀를 바라보는 어머니의 태도가 문제였다. 결국 자신에게 가득 밀려들었던 답답함이 풀리고 커다란 '느낌 장애물'이 전환되었기 때문에, 에블린은 많은 위안과 울음을 통해 그 사실을 알아낼 수 있었다.

그 이후 에블린은 부모님 댁에 방문했다. 어느 날 어머니가 아이들에 관한 강연에 참석하기 위해 외출했다. 뛰어난 영재들에 관한 강연이었다. 흥분한 상태로 귀가한 어머니는 강연이 정확하게 에블린의 어릴 적 모습을 설명하고 있었다고 말했다. 그리고 그녀는 자신이 항상 에블린을 이상하게 대했다는 사실을 마침내 깨달았다.

08.

원하는 일을
할 수 없다는 생각에
사로잡힌 교수

일에 대한 부정적인 생각을 하는 진짜 이유

⋮

"지금 내가 쓰고 있는 책을 마무리하기에 어려움이 많아요. 모두 내가 직접 해야 하기 때문이죠. 내가 할 필요가 없었으면 좋겠어요. 하지만 그렇게 되면 나는 세상과 연결이 끊어진 채 옴짝달싹 못하고 있어야 해요. 이제 다시는 어떤 일에도 흥미를 느낄 수 없을 것 같아요. 내가 할 수 있는 일이라곤 오로지 저기에 앉아서 창밖을 응시하는 것뿐이니까요. 지금은 실제로 글쓰기는 할 수 없어요. 만약 아이디어를 하나 떠올린다면 앉아서 '조지, 이쯤에서 자네가 아이디어를 하나 떠올렸다는 건 정말 훌륭한 일이야'라고 자신에게 말하겠죠. 그러고는 밖으로 나가 미스터리 소설을 읽고 싶은 기분입니다."

조지의 말에 나는 다음과 같이 말했다.

"'옴짝달싹 못하는' '연결이 끊어진'에 대한 몸의 느낌이 어떤가요? 그 점에 포커싱해보세요."

그는 약 1분 동안 고요하게 앉아서 눈을 감았다. 그러고는 "뭔가의 느낌인데… 아니에요"라고 말하고는 멈추었다. 그는 분명하게 느낌을 받았고 단어를 유추하기 위해 노력했다. 단어들은 나타났지만 자신의 느낌으로 확인해보니 정확하지 않았다. 그것들은 어떠한 전환도 만들어내지 못했다. 그때 갑자기 그에게 단어가 떠올랐다.

"경멸!"

그는 이 단어를 반복해서 음미하고는 마음에 들어했다.

"이 책은 세상에 존재하지 않는 느낌이에요. 단지 제 머릿속에 들어 있어요."

조지는 대학교수였다. 그는 다른 교수들보다도 열심히 학생들과 연구하기로 정평이 나 있었다. 그는 계속 말을 이었다.

"경멸이라는 단어의 느낌은, 글쎄요… 내가 책상에 앉아서 하는 모든 행동이 쓰레기 같아요. 그건 세상 밖으로 나가는 대신 나의 사적 공간인 머릿속에 있어요. 그게 바로 쓰레기가 되죠. 정신노동은 여러 현상들이 일어나는 세상 밖으로 나오지 않아요. 모두 내면에 존재하기 때문에 실제로 일어나지 않는 것과 같아요. 현실도 아니고 중요하지도 않습니다. 세상에서 내가 하는 일이 중요해요. 학생들을 가르치고, 만나고, 가족들을 돌보기 등이 현실입니다. 아, 나는 하다 말다 하면서 몇 년 동안 이 일을 하고 있습니다. 정신노동은 그에 비하면 사소한 일이에요."

나는 그가 한 말의 요점을 반복했다.

"그러니까 당신 머릿속에 들어 있는 것들은 경멸받을 만하다는 말이군요. 세상에 있는 것들이 현실이자 어떤 일을 처리한다는 거죠."

"네. 아니, 음⋯⋯."

이것이 바로 포커싱 과정이다. 문제의 특성은 각각의 전환으로 바뀌고, 자신의 느낌에 접속해서 "그래, 맞아!"라고 말하는 것이다. 그다음 당신은 느낌 아래나 뒤 또는 옆에 있는 무언가를 느끼고, "글쎄, 아니야. 결국 그게 아니잖아"라고 말한다. 이 과정이 끝나면 처음 시작할 때의 문제와는 사뭇 달라진 문제가 된다. 문제에 대한 감각 느낌이 변했기 때문이다. 조지는 잠시 조용히 앉아 포커싱에 몰두하다가 말을 이었다.

"여기에 무언가 다른 것이 있어요. 말도 안 되고 역설적입니다. 세상에 존재하고 어떤 일을 처리하지만, 내게는 전혀 중요하지 않은 부분입니다. 일을 처리하고, 가르치고, 임금을 받는 것은 내게 중요하지 않아요. 나는 당면한 과제를 처리하고 다시 책을 쓰기 위해 그런 일들을 정리합니다. 말이 안 되죠, 그렇죠? 머릿속에 들어 있는 글쓰기는 경멸스럽지만, 여전히 내가 가장 하고 싶어 하고 주요한 일이기도 합니다."

"당신이 '내가 가장 하고 싶어 하는 일'이라고 말할 때, 불확실하지만 전체적으로 느껴지는 몸의 감각은 무엇인가요?

"글쓰기를 해야 한다는 느낌이 들어요. 그게 내 삶을 지배하고 있습니다. 비록 내가 그것에 경멸감을 가지고 있더라도, 만일 하지 않으면 끔찍한 일이 될 테니까요."

"좋아요. 다시 그곳으로 돌아가서 '맞아, 글을 쓰지 않는 건 끔찍한 일이야'라고 말하고, '끔찍한'이라는 말의 전체적인 느낌이 무엇인지 물어보세요."

조지는 종종 전체적인 감각 느낌을 허락하지 않고 과거의 느낌으로 돌아가곤 했다. 그 부분이 내가 주로 도움을 주는 지점이다. 그는 자신에게 다가오는 모든 느낌을 그대로 받아들이는 것이 중요하다는 사실을 알고 있다. 우리는 느낌 자체의 정당화를 요구하는 성난 부모처럼 느낌에 말대꾸해서는 안 된다. "무슨 소리야? 이러이러해서 끔찍하다는 건 무슨 의미야? 말도 안 돼! 왜 끔찍하다는 거지?"라고 말해서는 안 된다. 받아들인다는 식으로 그 느낌에 접근해야 한다.

조지는 자신의 느낌을 받아들였지만 그것으로 충분하지 않았다. 느낌에 접속하는 것은 때로는 아무런 변화도 가져오지 못하며, 똑같은 느낌만 반복될 뿐이다. 포커서는 더 크고, 더 넓고, 모호한 감각 느낌이 형성되는 것을 허용해야 한다.

조지는 "끔찍할 거예요"라고 말했다. 우리는 '끔찍한'이라는 말에 어떠한 느낌이 들어 있는지 알지 못했다. 그것을 알아내고 전환시키기 위해서는 '끔찍한'에 포함된 모든 것에 대해 몸의 감각 전체가 그에게 형성되도록 해야 한다. 조지는 감각 느낌과 그 특성에 포커싱을 하고는 이렇게 말했다.

"만일 제가 책을 쓰지 않는다면 낙오자나 기생충 같은 존재가 되겠… 아니, 정확하진 않아요. 아무튼 그래서 글을 쓰지 않으면 끔찍할 겁니다."

그는 정확한 단어가 떠오를 때까지 잠시 멈칫했다. 마침내 그의 입에서 단어가 튀어나왔다.

"플레이보이!"
"플레이보이라고요? 무슨 의미인지 물어봐도 될까요?"
"아……."

조지는 한참 동안 조용히 앉아 있다가 입을 열었다.

"네, 이것은 저를 아래로 이끄는 아주 나쁜 길이에요. 와! 마치… 글쓰기라는 중대한 일을 하지 않는 것이 '부도덕'하게 느껴져요."

조지는 크게 한숨을 내쉬고는 말을 이었다.

"그건 성적으로 느껴져요. 글쓰기를 하지 않아도 된다는
것이 성적으로 느껴집니다. 하루 종일 자위행위를 하는
것 같은. 잠깐! 아니, 어른들의 성행위를 아이가 지켜보
는 것에 더 가깝습니다. 맞아요, 바로 그 의미입니다. 마
치 어른들이 제게 와서는 자신들의 행동을 지켜봐도 좋
다고 하는 것 같아요."
"그래도 괜찮은가요?"
"물론이에요! 괜찮아요."

조지의 상황에 대한 감각 느낌은 그에게 글쓰기를
멈춰도 된다고 허락한 듯 보였다. 그러나 그 허가는 철회
되었다.

"잠깐만요. 그게 괜찮은 일인지는 전혀 모르겠어요. 음,
좋은 점과 나쁜 점을 모두 느껴요."

"그걸 정리해보세요. 나쁜 점에 대한 감각 느낌을 얻을 수 있는지 확인해보세요."

잠시 후 그가 말했다.

"글쎄요, 제가 글쓰기를 멈추면 커다란 빈 공간과 마주할 것 같은 공허함이 있어요. 미스터리 소설 읽기를 빼면 제가 할 일은 아무것도 없을 거예요. 제가 글쓰기를 재촉하지 않는다면 하고 싶은 일을 할 수는 있지만, 해야 할 일을 찾을 수는 없을 거란 의미입니다."

조지는 '핸들' 단어를 가지고 있었다. 만약 실제로 글쓰기 작업에서 해방된다면 그는 '커다란 공백'을 가질 것이다. 공백은 무섭기 때문에 자신의 내면에서 공백을 발견한 사람들은 종종 하던 일로 다시 돌아가거나, 즐기지 않는 다른 '시간 때우기용' 활동을 찾는다. 프레드처럼 가슴에 응어리를 가진 사람들은 자신에게 고통을 주는 빈 공백을 피하기 위해 스스로를 몰아세울지도 모른다.

포커싱은 당신이 다른 사물들을 대하듯이 침착하게

공백에 접근하도록 해준다. 공백 또한 하나의 느낌이다. 두려워하며 한발 물러서기보다는 다가가면 그곳에 있는 것이 무엇인지 알아낼 수 있다. 나는 조지도 그렇게 하도록 격려해주었다.

"그 공백에 대한 몸의 감각과 함께하세요. 어떤 특징을 가지고 있나요?"

조지는 고요하게 앉아 있다가 빈 공백의 주변을 느끼고는 말했다.

"제가 하고 싶어 하는 다른 무언가가 있는 것 같아요. 하지만 저는 그것을 볼 수 없었어요. 어린 시절 아버지가 책꽂이 맨 위에 놓인 몇 권의 책을 제가 '읽지 못하도록' 했던 것처럼 말이죠."

그는 다시 멈추었지만 나는 재촉하지 않았다. 그는 '읽지 못하도록'이라는 말이 가진 감각에게 물어보고 있었다. 잠시 후 그는 숨을 크게 들이마시고는 커다란 소리와 함께 내쉬었다. 나는 그의 내면에서 무언가 전환이 생겼다는 것을 알 수 있었다. 그가 입을 열었다.

"맞아요. 당연합니다. 저는 지금 성인이에요, 그렇죠? 내가 보고 싶다면 무엇이든 볼 수 있어요. 그럼요, 저는… 잠시만요, 무언가 제게 오고 있어요. 확실히 그래요. 책을 쓸 필요가 없다면 제가 할 일 중 하나는 조깅입니다. 예전부터 조깅이 하고 싶었지만, 그런 마음이 들 때마다 책상 앞에 앉아 있어야만 했어요. 맞아요, 그리고……"

그는 무언가 다른 생각이 떠오르는 동안 잠시 말을 멈추었다.

"저는 산아 제한에 관한 책을 쓰려고 하거든요. 오랫동안 바라왔던 일입니다. 지금까지 누구도 다뤄본 적 없는 산아 제한법이 핵심입니다. 정말로 중요한 포인트예요. 저는 그 책을 꼭 쓰고 싶어요. 현재 제가 매달려서 집필하는 책은 흥미를 느끼는 주제가 아닙니다. 하지만 제가 원하는 내용만 쓴다면 당연히 끝낼 수 있어요. 제가 쓰려는 산아 제한 책은 정말 굉장할 거예요!"

그는 오랫동안 침묵한 후 말을 이었다.

"와! 그렇군요. 지금 이 책을 끝내는 것도 괜찮군요. 네, 괜찮은 느낌이 들어요. 핵심은 책을 끝내는 것도, 책을 끝내야 한다는 것도 아니에요. 제가 가진 좋은 에너지 모두가 해야 하지만 할 수 없다는 느낌 아래에 꽁꽁 묶여 있습니다. 그게 바로 내 생각이에요. 하지만 그걸 전환시킬 수는 없어요. 제 모든 삶이 그 느낌 아래에 있어요. 제 스스로 충동을 억제하도록 내버려두었어요. 마음대로 중단할 수 있다는 것은 마음대로 재촉할 수도 있고, 제가 원하는 일도 자유롭게 할 수 있다는 의미이죠. 그런 일이 바로 글을 쓰는 것입니다. 저의 직접적인 욕구와 에너지로 자유롭게 글을 쓴다는 의미이기도 하지요. 음, 지금까지 늘 알고 있었던 일이지만 이제야 깨달은 것 같습니다."

조지는 몸이 이미 해결한 것을 설명하기 위해 지적 합리화를 만들어내기 위한 분석을 하고 있다. 사실 이러한 분석은 필요 없지만 지식인들은 뭔가 알아내는 것을 좋아한다. 어쨌든 회고해보는 것도 괜찮다.

중요한 것은 그의 몸이 먼저 고유한 단계들을 가졌다는 점이다. 그 단계들을 거치기 전에 그의 분석은 효과적이지 않았다.

09.

몸은

문제를

알고 있다

몸이 느낀 하나의 기운

나는 당신이 감각 느낌을 확실히 이해하도록 도움을 주고 싶다. 감각 느낌은 정신적 경험이 아니라 '신체적인 경험'이다. 상황이나 개인, 사건에 대한 몸의 자각이며, 특정 시간에 특정 주제와 관련하여 당신이 느끼고 알고 있는 모든 것을 아우르는 '내면적 기운'이다. 모든 것을 품고 있다가 하나하나가 아니라 갑자기 한꺼번에 모든 것을 당신에게 알려준다. 하나의 취향이라고 생각하자면, 강력한 충격을 느끼게 만드는 거대한 음악적 화음이거나 모호한 느낌의 대규모 돌림 노래이다.

감각 느낌은 생각이나 단어 또는 다른 분리된 단위의 유형이 아니라 단일한 몸의 느낌으로(종종 매우 당혹스럽고 복잡한 형태로) 다가온다. 감각 느낌 자체가 단어로 표현될 수 없는 경우가 많아 말로 설명하기도 쉽지 않다. 심리치료사들(대부분의 다른 모든 사람들과 함께)도 대부분 발견하지 못하는 깊은 내면에 존재하는 낯선 자각이다.

당신의 인생에서 중요한 역할을 하는 두 사람이 있다고 가정해보자. 편의상 존과 헬렌이라고 부르고, 이들이 당신의 지인을 대신하는 역할을 한다고 치자.

당신의 마음이 두 사람 사이를 오가게 만들라. 당신의 관심이 존에게 쏠려 있을 때 나타나는 내면적 기운인 '존의 모든 것'이라는 느낌에 주목한다. 그와는 완전히 다른 '헬렌의 기운'에도 주목하라.

각각의 사람을 생각할 때의 내면적 기운은 개별적으로 느껴지는 것이 아니다. 헬렌을 생각한다고 해서 그녀의 모든 신체적이고 개인적인 특성을 하나씩 공들여서 목록으로 만들지는 않는다. 가령 '오, 그렇지. 그녀는 키가 170센티미터 정도 되고, 금발에 갈색 눈을 가지고 있으며, 귀 옆에 작은 점도 하나 있어. 높은 톤으로 말하고, 쉽게 화를 내고, 극작가를 꿈꾸고, 중국 음식을 좋아하고, 체중을 줄일 필요가 있고…'처럼 말이다. 그녀와 당신과 관련된 세부 내용도 마찬가지이다.

당신이 알고 있는 헬렌을 설명해주는 수백만 가지의 확실한 자료가 있더라도 생각처럼 하나씩 전달되지 않는다. 그것들은 몸의 느낌으로 당신에게 한꺼번에 전달된 것이다. 아주 오랫동안 당신이 보고 느끼고 함께 살면서 축적된 수천 가지의 자료를 포함하는, '헬렌의 모든 것'이라는 인식은 몸이 느낀 하나의 커다란 기운으로 모두 한꺼번에 다가온다.

'존의 모든 것'이라는 인식도 같은 방식으로 전달된다. 존의 생김새, 말투, 그와 처음 만난 장소, 그에게서 원하는 것, 그가 어제 말한 내용, 그에 대한 대답으로 당신이 말한 것 등을 포함하는 아주 커다란 용량의 자료이다. 정보의 양은 믿기 어려울 정도지만 당신이 존을 생각하는 순간, 관련된 모든 사실과 느낌들은 모두 한꺼번에 다가온다.

:

수천 가지 항목의 정보들은 어디에 저장되어 있을까? 바로 당신의 마음이 아니라 몸이다. 몸은 생물학적 컴퓨터이며, 막대한 양의 자료들은 당신이나 어떠한 외부적 사건으로 인해 호출될 때 즉각 당신에게 모두 전달된다. 생각은 많은 지식의 항목들을 수용하거나 그와 같은 속도로 전달할 능력을 가지고 있지 않다. 헬렌과 그녀와의 관계에 있어서 당신이 아는 모든 정보의 목록을 만든다면, 아마 인생에 남아 있는 시간을 모두 소요해야 할지도 모른다. 그러나 몸은 '헬렌의 모든 것'을 하나의 크고 풍부하며 복잡한 경험으로 구성된 전체적인 감각 느낌으로 전달해준다.

핵심을 좀 더 확실히 이해해보자. 헬렌과 대화할 때의 반응을 생각해보고, 존과 대화할 때도 생각해보자. 당신은 존과 헬렌과 대화할 때 자신의 내면을 바꾸는가? 그렇다면 내면에서 나타나는 차이를 느낄 수 있을 것이다. 만일 사적으로 헬렌과 대화하는데 뜻밖에 존이 방으로 걸어 들어온다면 그 차이를 느낄 수 있다. 그때는 헬렌뿐만 아니라 존에 대한 당신의 감각 느낌도 함께 공존한다.

내면의 변화는 사고에 의한 것이 아니다. 당신은 '맞아. 이 사람은 헬렌이고 그녀와 있을 때 나는 이러이러한 방식으로 행동해야 해'라고 생각하지 않는다. 이것은 사고와는 거의 관련이 없다. '왜 나는 헬렌과는 이런 방식으로, 존과는 저런 방식으로 행동하지?'라고 자신에게 한 번 물어보라. 해답은 당신 마음속에 없다. 오로지 당신의 몸이 알고 있을 뿐이다.

헬렌에 대한 당신의 감각 느낌에는 헬렌과 함께한 여러 상황에서 느꼈던 많은 감정들이 포함되어 있다. 아마도 그 감정 중 일부는 지금 이 시간에도 관계에서 우세함을 드러낼 것이다. 만약 현재의 우세한 감정이 '분노'라고 하자. 당신과 헬렌은 지난밤에 격렬하게 다퉜고, 지금 그녀를 생각하면 맨 먼저 떠오르는 단어는 '분노'다. 그 감정은 아직 감각 느낌이 아니다. 헬렌에 대한 모든 것이 아니다.

감정은 종종 예리하고 명확한 느낌이며 '분노' '두려움' '사랑' 등 당신이 잘 설명할 수 있는 쉬운 꼬리표를 가지고 나타난다. 더 크고 더 복잡한 감각 느낌은 항상 모

호한 의미를 가지며(적어도 당신이 감각 느낌에 포커싱을 할 때까지),
대부분 간편한 꼬리표를 가지고 나타나지 않는다.

마음은 문제를 해결하지 못한다

⋮

만약 당신이 존과의 관계에서 어려움을 느끼고 있다고 가
정해보자. 어려움을 설명하기 위해 당신은 "존과 있으면
불편하고 긴장이 됩니다. 헬렌과 함께 있으면 생기 넘치고
자유롭게 느껴져요"라고 말할 수도 있다. 이런 긴장감은
'존의 모든 것'이라는 감각 느낌의 어딘가에서 비롯된다.

포커싱을 모르는 사람들은 오로지 그 긴장감만 반복
해서 인지하는 경향이 있다. 그들은 '존의 모든 것'이라는
자신들의 감각 느낌을 고려하지 않는다. 아마도 그보다는
적겠지만 '내가 존에 대해 가지고 있는 이상한 느낌의 모
든 것'조차도 고려하지 않는다. '긴장'은 느낌을 가장 잘
설명한 단어일지 몰라도 빙산의 일각일 뿐이다. '긴장'이
특정 순간에는 우세한 감정일 수 있지만, 근저와 배후에
는 크고 모호한 무언가가 놓여 있다.

당신은 크고 모호한 무언가를 몸으로는 느낄 수 있

지만, 마음으로는 접할 수 없다. 당신의 마음은 '나는 존과 있을 때마다 놀라서 말문이 막히는 상황이 정말 싫어. 나도 편안하게 긴장을 풀고 명랑하고 자연스럽게 지내고 싶어. 왜 나는 그렇게 될 수 없지? 도대체 왜?'라고 항의한다. 하지만 당신의 마음속에서는 아무런 대답이 없다. 당신의 마음이 해답을 알고 있거나 상황을 제어할 능력을 가지고 있다면, 아마도 당신은 이성적인 과정과 노력을 통해 어려움을 극복할 수 있을 것이다.

당신은 문제 해결을 위한 자신만의 방법을 생각할 수도 있겠지만 이는 완전히 불가능하다. 마음이 아무리 항의하고 당신이 열심히 궁리한다 하더라도 존과 함께 있을 때마다 똑같은 긴장감을 내면에서 느낀다. 긴장감은 몸에 의해 발생하며 존의 존재감에 반응한다. 이 반응은 당신의 사고 의지를 거의 전적으로 우회한다. 하지만 당신이 감각 느낌을 형성하면 이해할 수 있는 것 이상의 효과를 얻는다.

과거 우리가 감정적 지침과 심리 치료로 간주했던 많은 부분들은 소용이 없었다. 상담자들은 우리의 느낌을 이성적으로 분석하도록 하거나 '직시'해야 한다는 점만 반복해서 강조했다.

존과 당신의 관계에서 생기는 가상의 어려움을 한 번 더 살펴보고, 우리가 그 문제에 접근하는 가장 흔한 방법 중 몇 가지를 알아보자.

1) 문제 축소하기

당신은 당신 문제가 존재하지 않거나 걱정하기에는 너무나 사소하다고 생각한다. "그것은 문제가 되지 않아. 아무것도 아니야. 그런 어리석고 사소한 일로 내가 괴로워해야 한다니, 말도 안 돼"라고 말할 것이다.

이런 생각이 변화를 가져올 수 있을까? 아니다. 다음에 당신이 존을 만나면 '사소한' 문제가 큰 문제로 나타날 것이다.

2) 분석하기

'존은 확실히 아버지를 떠올리게 해. 나는 항상 아버지에게서 위협을 느꼈고, 아버지는 늘 자기 확신에 차 있었지. 존도 마찬가지야. 분명해. 바로 그거야……'

분석은 정확할 수도 그렇지 않을 수도 있다. 그러나 어떤 것도 느낌을 바꾸지는 못한다. 당신은 존과 함께 있는 시간 전체를 미친 듯이 분석할 수도 있다. 하지만 그 느낌이 납득할 수 없는 불편함과 긴장과 더불어 당신의 내면에 존재한다면 지난번보다 관계가 완화되지는 않을 것이다.

3) 느낌 제압하기

당신은 자신에게 희망적으로 말한다.

> "이를 악물고 저항하며 지나가겠어. 그냥 무시할 거고 나를 괴롭히도록 내버려두지 않겠어."

그러나 아무런 도움이 되지 않는다. 무언가가 당신을 괴롭히면 어떤 근본적인 변화가 일어나기 전까지 지속적으로 괴롭힐 것이다.

4) 자신에게 설교하기

당신은 자신에게 엄격하게 말한다.

"지금 여기를 봐. 온 힘을 모아 말도 안 되는 일들을 멈추게 해야 해. 너는 성인이잖아, 그렇지? 그럼 어른답게 행동해! 존이 너를 불편하게 만들 아무런 이유가 없어……."

역시 효과는 없다.

5) 느낌에 휘말리기

당신은 감정에 빠져들어 이번에 다시 느끼면 바뀔 것이라는 희망을 가진다.

"그래, 존이 내 성생활 이야기를 꺼냈을 때는 곤혹스러웠어. 난 그저 마네킹처럼 그곳에 앉아 있었을 뿐이야. 난 정말 어리석었어. 와! 정말 끔찍하다! 마치 으깨진 벌레가 된 듯한 기분이야……."

오히려 변하지 않는 느낌에 빠져들 때마다 당신은 지난번만큼 기분이 나빠진다.

이러한 접근들은 불쾌감을 유발하는 곳을 건드리거나 변화시키지 않기 때문에 아무런 효과가 없다. 그곳은 몸 안에 존재하며 신체적인 것이다. 따라서 변화를 원한다면 당신은 신체적인 변화 과정을 도입해야만 한다. 그 과정이 바로 포커싱이다.

CHAPTER 02

힘들 때,
스스로
포커싱하는 법

01.

그녀가

분노한

이유

별것 아닌 일로 분노하는 사람들

:

20대 후반의 페기라는 여성은 존이라는 남편과 교외에 살고 있다. 존은 은행에서 일하고, 최근 임원이 될 기회를 얻었다. 페기는 중학교 교사로 5살배기 아들이 있어 시간제로 일한다.

어느 날 저녁 존은 아주 들뜬 상태로 집으로 돌아왔다. 은행장이 은행을 확장하는 계획을 알려주면서 존이 핵심 인물로 고려되고 있다고 전해주었기 때문이다. 그는 흥분하여 이 사실을 페기에게 말하다 접시를 치는 바람에 식탁 위에서 접시가 떨어져 깨지고 말았다. 그녀가 가장 아끼는 접시였다. 그녀는 갑자기 분노하더니 울면서 계단을 뛰어올라 갔고 저녁 식사 준비를 하지 않았다.

페기는 자신의 분노가 폭발했다는 사실이 놀랍고도 당혹스러웠다. 격렬한 폭발은 그녀의 평상시 모습이 아니었다. 그녀는 침실에 혼자 앉아 우리 모두가 사용하지만, 거의 효과가 없는 친숙한 접근법을 모두 동원하여 마음을 수습하려고 노력했다. 처음에 그녀는 문제 자체가 축소되기만을 바라는 듯 그저 '사소한' 일로 여기고 털어버리려고 했다.

"그는 비싼 접시를 깨뜨렸어!"

그녀는 화를 내며 혼잣말을 했다.

"내가 너무 어리석어서 그런 일에 화를 내는 걸까? 그 망할 접시는 내 인생에서 그다지 중요한 것이 아니야. 어쨌든 교체할 수 있으니까……?"

하지만 효과는 없었다. 화난 느낌은 소멸되지 않았고, 그녀는 원인을 알아내려고 노력했다.

"글쎄, 나는 지난 며칠간 심한 압박감에 시달렸어. 학교 업무도 산더미처럼 쌓여 있고, 학생들 과제를 채점하기 위해 밤늦게까지 잠도 못 자고 일을 해야 했어. 충분한 잠을 자지 못했지… 분명 그게 문제로군. 내가 불안한 상태인 건 당연해."

그녀는 자신에게 말했다. 달라지는 건 아무것도 없었다. 자신에게 한 말은 사실일지 모르지만 내면에는 아무런 변화가 없었다. 화나고 짜증나는 느낌은 원래 있던 곳에 그대로 남았다.

마침내 그녀는 포커싱을 시도해보기로 했다. 몇 년간이나 포커싱을 연습해왔고 매우 잘하는 편이었다. 익숙한 언어를 유창하게 구사하는 것처럼 포커싱에 '유창'했다.

그녀는 초보자가 따라야 하는 6가지 포커싱 활동을

하나씩 실시하지 않고 물 흐르듯이 하나의 연속된 활동으로 진행했다. 그러나 6가지 활동의 이곳저곳에 어떻게 이르렀는지 알 수 있도록 체험을 재현해보겠다.

페기는 자신의 몸이 말하고자 하는 바를 가로막는 모든 불필요한 신체 자극을 제거하여 가능한 편안한 상태에서 시작했다. 울고 난 뒤라 얼굴이 화끈거리고 가려워 세수를 했고, 신발을 벗었고, 침대 머리판에 베개를 대고 뒤로 기대어 앉았다.

1) 첫 번째 활동 : 공간 만들기

그녀는 아주 어수선한 창고를 정리해 자신이 들어갈 공간을 만들듯이 모든 문제를 한쪽으로 제쳐두었다.

"그런데도 왜 이리 기분이 좋지 않지? 음, 아직 끝내지 못하고 모서리를 접어서 묶어 놓은 학교 과제물이 산더미처럼 쌓여 있어서 그럴 거야. 유치원에서 돌아온 제프 문제도 있고. 물론 접시가 깨지는 바람에 더욱 엉망이 되고 말았어."

그녀는 모든 문제를 자신에게서 약간씩 떼어 놓았
다. 자신의 문제를 완전히 떨쳐버릴 수는 없다는 사실 또
한 잘 알고 있었다. 또한 숙련된 포커서로서 문제에서 떨
어져 잠시나마 자신에게 조용한 시간을 줄 수 있다는 것
도 알고 있었다.

2) 두 번째 활동 : 감각 느낌

이제 가장 최악의 순간으로 보이는 문제에 주의를 두었
다. 깨진 접시와 관련하여 언쟁이 오갔던 장면이다. 그녀
는 일부러 그 문제에 관한 어떠한 결정이나 분석, 이해도
피하려고 노력했다. 오직 그에 대한 감각 느낌을 찾으려
고 했다. 그녀는 질문했다.

　　"이건 모두 어떤 느낌이지?"

그녀는 모호한 느낌이 나름의 방식으로 자신에게 다
가오게 두었다. 처음에는 크고 애매하고 형체도 없었다.
설명할 만한 단어가 부족했고, 어떤 종류의 꼬리표나 식
별 마크도 없었다.

그녀는 이런 비정형성에 안달하지 않았다. 스스로 정체를 밝히라고 요구하지도 않았다. 또한 "그래, 당연하지. 이 이상한 느낌은 분명……" 식으로 정체성을 강제로 확인하려고 하지도 않았다. 그저 나름의 방식으로 존재하도록 30초 정도 내버려두었다.

3) 세 번째 활동 : 핸들 찾기

지금 페기는 아주 다정하게 감각 느낌의 특성이 무엇인지 물어보았다. 그리고 감각 느낌이 스스로 이름을 대거나 이미지로 나타나서 들어맞도록 노력했다. 분석이나 자기 설교, 가정과 추론 등은 피했다. 마음속의 혼란스러운 난장판이 아니라 느낌 자체에서 해답이 떠오르기만을 원했다. 단어나 문구, 이미지가 정확해진다면 감각 느낌에 맞는 '핸들'이 나타난다. 그때 이것이 맞다고 말해주는 내면 행동의 첫 번째 조각인 '첫 전환'을 느낄 수 있다.

이런 일을 자주 겪었던 그녀는 각각의 포커싱 활동들을 거의 동시에 경험했다. 단어를 받고(세 번째 활동), 그것을 확인하고(네 번째 활동), 그것이 무엇인지 감각 느낌에게 물어보았다(다섯 번째 활동).

그녀가 자신에게 했던 것보다 더 많은 단어를 사용하여 나는 이렇게 옮기겠다. 그녀는 물었다.

"이 중 가장 최악은 무엇이지?"

느낌이 되돌아왔다.

"존에게 화를 냈지."

추가로 질문했다.

"깨진 접시 때문에?"

무언의 대답이 돌아왔다.

"아니, 접시는 아무 관계가 없어. 분노는 승리감에 들뜬 그의 태도 때문이야. 미래에 대한 자신감을 내뿜는 그의 방식 말이야."

이렇게 문제가 바뀌었고 내면의 전환은 확실했다. 그녀는 완전히 받아들이고 여러 번 반복해서 느꼈다. 자신의 몸에서 일어나는 변화도 느꼈다. 몸의 변화가 끝났을 때에도 계속 진행했다. 이러한 전환은 포커싱을 하는 동안 언제든 찾아올 수 있다. 전환을 받아들이고 계속해서 포커싱 다음 단계로 진행하면 된다.

그녀는 또다시 감각 느낌을 얻었다.

"그의 승리감… 그에 대한 전체적인 느낌은 무엇이지?"

그녀는 기다렸다. 감각 느낌에게 단어를 강요하지 않았다. 참을성 있게 앉아서 감각 느낌이 스스로 말하도록 놓아두었다(다시 두 번째 활동). 그녀는 감각 느낌의 특성을 느끼려고 노력했다. 그것은 그 상황 전체의 애매한 불편함이었다. 그리고 감각 느낌의 특성에 맞는 '핸들'을 얻고자 했다(다시 세 번째 활동). 그 단어는 '질투하는'이었다.

4) 네 번째 활동 : 공명하기

그녀는 '질투하는'이라는 단어를 받고는 감각 느낌과 대조해 확인해보았다.

"'질투하는'이 정확한 단어인가? 이 느낌이 정말 그걸 나타낼까?"

감각 느낌과 단어는 겉으로 보기에는 거의 일치해 보이지만 완벽하게 맞지 않았다. 마치 감각 느낌이 "정확하게는 질투가 아니야. 어딘가에 질투하는 마음이 존재하고 있어. 하지만……"이라고 말하는 것 같았다. 그녀가 '어느 정도 질투하는'이라는 단어를 시도하자, 감각 느낌에 맞는 핸들로 충분하다는 것을 알려주는 작은 움직임과 한숨이 나왔다. 그녀는 한 번 더 시도했다. 역시 맞았다.

5) 다섯 번째 활동 : 질문하기

이제 그녀는 감각 느낌 자체에게 물었다.

"'어느 정도 질투하는'이란 무엇인가? 무엇이 '어느 정도 질투하는'을 만들지?"

질문이 모호한 감각 느낌에 닿아 자극하도록 했다. 그녀가 마음속으로 물었다.

"그게 뭐지?"

그때 갑자기 전환이 찾아왔다.

"어느 정도 질투하는… 음, 뭔가 뒤떨어졌다는 느낌에 좀 더 가까워."

크고 만족스러운 느낌의 움직임과 함께 탄성이 터져 나왔다.

"아!"

페기의 몸은 자신의 경력이 지지부진했다는 사실 때문에 비참해한다고 말하고 있었다.

이 전환의 안도감에 머무르려 하는 동안, 그녀는 곧 자신을 공격하는 목소리를 방어해야 했다.

"너는 그런 식으로 느껴서는 안 돼."

"가르치는 직업을 가진 것도 행운이야."

"도대체 어떻게 경력을 쌓을 수 있겠어?"

"네가 할 수 있는 일은 아무것도 없다는 것을 알잖아."

페기는 모든 목소리를 한쪽으로 밀어제치고는 말했다.

"모두 다 기다려봐."

그녀는 새로운 시작을 느끼기 위해 되돌아갔다.

"뒤떨어졌다… 여전히 그걸 느낄 수 있을까? 그래, 원래대로 거기 있군. 맞아… 그게 바로 내 느낌이야."

다른 단계로의 진입

:

'뒤떨어진 느낌'이라는 특성은 단지 빙산의 일각에 불과했다. 페기는 그것이 좀 더 많은 변화와 움직임으로 이끌지 확인하고 싶었다. 그녀는 포커싱 활동으로 다시 돌아갔다.

"이 뒤떨어진 느낌은 뭐지? 나에게 실제로 어떤 이익이 있지? 가장 최악은 뭘까?"

이번 포커싱은 대략 20분 정도 지속되었다. 끝났을 때 페기는 대단히 상쾌한 기분이 들었다. 문제의 상태에 변화가 생기면서 그녀도 바뀌었다. 그녀와 존은 차분하게 자신들의 삶과 미래에 관한 대화를 나누었다. 깨진 접시는 잊혔다. 한 차례의 포커싱을 통해 페기의 '경력 vs 모성'에 대한 문제가 완전히 없어지진 않았다. 하지만 그녀의 내면에서 일련의 유익한 변화들이 시작되었다. 추가적인 포커싱은 그녀에게 자신에 관한 보다 많은 것을 말해주었고, 갇혀 있던 곳에서 빠져나가도록 도와주었다.

02.

누구나

할 수 있는

포커싱 6단계

개인 문제로 포커싱해보기

⋮

지금부터 포커싱 활동들을 좀 더 천천히 살펴보려고 한다. 이번 글을 읽은 후 개인 문제에 포커싱을 하고 유익한지 확인해보라. 계속해서 '포커싱 메뉴얼'을 펼쳐놓고 느긋하게 6가지 활동을 실행해보라. 각 단계에서 당신의 몸이 어떻게 느끼는지 특별한 주의를 기울여 살펴보라. 만약 변화도 전환도 없다고 느껴지면 책의 다른 장으로 이동해서 살펴본 후 다시 돌아와 반복해서 시도하라. 자주 수행할수록 더 쉽고 자연스럽게 보일 것이다.

준비하기

:

잠시 동안 고요하게 앉아 있을 장소와 시간을 정한다. 옆에서 지켜볼 친구가 있어도 도움이 될 것이다. 그러나 친구는 반드시 조용히 듣는 것에만 만족해야 한다. 당신이 원하지 않으면 당신에게 말할 것을 강요해서도 안 된다. 당신이 내면의 소리를 말해도 분석하거나 평가해서도 안 된다. 완전히 고요한 상태도 괜찮지만, 친구가 "그래, 듣고 있어. 이해가 되네"라는 표현 정도는 상관없다. 다만 초기 단계에서는 친구가 그 외 다른 말을 해서는 안 된다.

약간은 익숙하지 않은 장소에 앉아서 시도하는 편이 좋다. 책상에 앉아 일하면서 시도하거나, 제일 좋아하는 안락의자에 앉아서 하는 것은 좋지 않다. 다른 의자나 침대 가장자리에 앉도록 한다. 원한다면 밖에 나가서 걷거나, 나무에 기댄 상태로 진행해도 상관없다.

전체적인 안정감을 느낄 수 없다면 일상적인 신체적

편안함을 유지하라. 만일 사소한 신체적인 짜증스러움이 자신을 괴롭힌다면 몸이 말하려는 내용이 모호해질 수 있다. 추우면 스웨터를 입는다. 발이 가려우면 신발을 벗고 긁어라. 편하게 기대어 마음을 편하게 하라.

1) 첫 번째 활동 : 공간 만들기

지금 자신에게 물어보라.

> "내 기분은 어떠한가? 왜 나는 지금 기분이 좋지 않은 가? 오늘같이 특별한 날에 무엇이 나를 괴롭히는가?"

고요한 마음의 소리를 들어보라. 무엇이 자신에게 다가오든 그저 내버려둬라. 어떤 날이든 상관없이 당신이 가지고 있는 반 정도의 문제가 내면에 긴장을 불러온다는 사실을 발견할 것이다. 그중 몇 가지는 당신이 예전부터 해결하려고 애써왔던, 인생에서 주요한 문제일 것이다. 보통 사람들은 1년 이상 고민하는 문제 목록을 가지고 있으며, 그중 한두 가지가 가장 먼저 떠오르는 경향이 있다. 당신이 생각하는 모든 문제를 목록으로 만들려고 해서는 안 된다. 긴장만 더 가져올 뿐이다.

중요한 개인 문제들과 마찬가지로, 특정한 순간에는 비교적 사소한 일들이 당신의 평온을 깨뜨리기도 한다. 지금 당장 절대적인 만족감을 느끼지 못하게 방해하는 모든 문제들이 그저 왔다가 사라지게 내버려둬라. 어떠한 문제에도 방해받아서는 안 된다. 크거나 작거나, 중요하거나 사소한 문제들을 모두 모아 마음속에 목록을 만들라. 당신 앞에 목록을 쌓아두고 뒤로 한발 물러서서 거리를 두고 관찰하라. 기쁜 마음으로 가능한 멀리 문제에서 벗어나라. 당신은 이렇게 말할 수 있다.

"글쎄, 모든 문제를 제외해도 난 괜찮아."

단지 끔찍한 목록일 뿐, 그 이상도 이하도 아니다.

"조지와 조안에 관해 처리해야 할 일이 있어. 외로움에 관한 것도… 맞아, 나도 잘 알고 있어. 그건 아주 오래된 문제야. 어제 크리스에게 말했던 사소하지만 좀 별난 문제도 있지."

내면에서 행복감이 약간 상승했음을 느끼는가? 내면에서 무언가가 다음과 같이 말할 때까지 문제들을 계속 쌓아둬라.

"그래, 그것들이 모두 없어져도 난 괜찮아."

2) 두 번째 활동 : 문제에 대한 감각 느낌

지금 어떤 문제가 가장 나쁘게 느껴지는지 물어보라. 어떤 문제가 가장 아프게 느껴지고, 가장 힘겹고, 가장 크고, 가장 날카롭고, 가장 골치 아프거나 끈적거리거나 불쾌한지 물어보라. 어떤 방식으로든 당신과 당신의 몸이 '나쁘다'고 규정해 기분 나쁘게 느껴지는 것을 물어보라. 아니면 단지 한 문제만 선별하라.

지금은 평소처럼 문제의 내면으로 들어가서는 안 된다. 한발 물러서서 잠시 동안 전체적으로 생각할 때 몸에 어떤 느낌이 생기는지 느껴보라. 그리고 "이 문제 전체는 어떤 느낌인가?"라고 물어보라. 대답은 단어로 해서는 안 된다. 문제를 전체적으로 느끼고, 그 모든 것을 감지하라.

두 번째 활동에서 마음에서 나오는 자기 설교, 분석적

이론, 상투적인 문구, 많은 불평과 재잘대는 소리 등 많은 정적인 것들과 마주칠 것이다. 어쨌든 모든 잡음들을 지나 그 아래의 감각 느낌이 있는 곳까지 도달해야 한다. 입을 닫고 조용히 귀를 기울여 듣고 느끼는 것은 변화를 위해 중요하다. 인내심을 가지면 좋은 결과를 얻을 수 있다.

만약 당신이 포커싱을 하는 문제가 '예전에 좋았지만 지금은 틀어진 인간관계'라고 가정해보자. 아마 문제에 관한 전체적인 내면의 기운을 느끼려고 하면 다음과 같은 자기 설교가 시작될 것이다.

"여기에서 다시 시작하면 결국 또 다른 관계를 망치고 말 거야. 내게 무슨 문제가 있지? 아무리 좋더라도 나는 항상 관계가 틀어지게 만드는 멍청한 짓을 한단 말이야."

이런 종류의 잡음이 들리기 시작하면 관대하고 다정하게 중단시켜라. 그리고 자신에게 말하라.

"그래, 나도 모두 알고 있어. 하지만 네가 좋다면 다음에 들어볼게. 지금은 그 문제를 잠시 접어두자."

스스로 문제를 분석하거나 그와 관련된 충동을 결정하려고 하더라도, 단호하고 예의 바르게 행동해야 한다.

"글쎄, 무언가 잘못되었다는 사실은 확실해."

당신은 자신이 하는 말을 들을 것이다.

"나는 기본적으로 다른 사람들을 두려워해. 그걸 숨기려면 대담한 척해야 해. 지난밤처럼 나는……"

신경 쓰지 말고 자신에게 말하라.

"물론 그건 네 말이 맞을지도 몰라. 그러나 지금 당장 아무것도 알아내려 하지 말자. 우리가 얻으려는 것은 이 모든 것이 어떻게 느껴지는가, 라고."

당신은 'ㅇㅇㅇ와 나의 관계의 모든 것'이나 '직장을 그만두는 문제의 모든 것'을 포괄하는 하나의 느낌에 관심을 기울이고 있다. 그 느낌은 마치 음표가 많이 들어간 악보처럼 상세한 내용을 담고 있다. 예를 들어, 하나의 교향곡은 수많은 조합과 진행 과정 속에서 한 시간 이상 지속되고, 매우 다양한 악기들로 연주되기 때문에 수천 가지의 다양한 음조를 가진다.

하지만 음악을 듣고 즐기기 위해서라면 상세한 구조까지 알 필요는 없다. 만약 잘 알고 있는 교향곡이라면 당신은 오로지 곡의 이름과 즉석에서 그 곡의 기운을 느끼는 것만 필요하다. 교향곡에 대한 느낌은 상세한 내용 없이 통째로 당신에게 전달된다.

모든 것을 감싸는 하나의 거대한 기운이 느껴질 때까지, 투덜거리고 재잘거리는 소리와 산만하고 곁길로 샐 수 있는 모든 세부사항을 무시하고 내면 깊은 곳을 감지하라. 물론 쉽지 않다. 무엇에 집중해야 하고, 무엇을 무시해야 하는지를 구별하는 일도 어렵다.

문제에 맞는 감각 느낌을 찾기 위해 몸의 감각에 대한 느낌을 떠올릴 때 하는 일들을 당신의 마음이 하도록 시킨다. 당신은 확실한 세부내용들을 알아차릴 테지만, 그것들에게 방해받진 않는다. 당신의 주의는 주로 모든 것에 대한 하나의 느낌에 머물 것이다.

일단 문제 전체에 대한 느낌을 가지면 잠시 그것과 함께 머물라. 무엇이 중요한지 판단 내리지 말고, 아무것도 결정해서는 안 된다. 있는 그대로 내버려두고 단지 느끼기만 하라. 처음 감각 느낌과 함께 있게 되면 아마 이렇게 생각할지도 모른다.

'오, 그거? 너는 내가 그것과 함께 있길 원하니? 하지만 그저 불편하고 하찮은 것일 뿐이야!'

3) 세 번째 활동 : 핸들 찾기

감각 느낌의 특성은 무엇인가? '불쾌한' '힘든' '조마조마한' '무력한' '답답한' '부담되는' 등과 같은 감각 느낌의 특성을 나타내는 단어를 찾아보라. '박스에 들어가 있는 듯한' '실행해야만 하는' 등과 같은 짧은 구절도 괜찮다. 아니면 '두려운 마음으로 답답한' '마음이 조마조마하여 안절부절못하는' 같은 단어들의 조합이 가장 알맞을 수도 있다. 또는 '무거운 납으로 된 공'처럼 상황을 가장 잘 표현해주는 이미지가 불쑥 나타날 수도 있다.

당신이 찾는 것이 감각 느낌의 핵심이기 때문에 분

석을 요청해서는 안 된다. 당신이 원하는 것은 감각 느낌에서 나오는 특별한 특성, 즉 모든 문제에 대한 핵심이다. 이 특성은 무력감 같은 부적절한 행위에 대한 느낌일 수 있다. 숨이 막힐 듯 답답하고, 두렵고, 긴장되고, 불안한 느낌이거나 아예 단어로는 표현이 불가능할 것일 수도 있다.

다시 말하지만, 감각 느낌에 강제로 단어를 부여해서는 안 된다. 본질을 가지고 당신에게 다가오도록 해야 한다. 아니면 단어 하나를 골라 조심스럽게 적용해보는 것도 나쁘지 않다.

세 번째 활동에서 당신은 문제가 변하고 있다는 사실을 인지할 것이다. 포커싱을 시작하기 전에 생각했던 것과는 다르게 느껴질 수도 있다. 심지어 이성적인 수단을 동원하여 알아낸 것과도 다를 수 있다. 그 차이는 작고 미묘하지만, 처음에는 당혹감을 느낄지도 모른다. 그것이 바로 당신이 찾는 것이며, 몸의 전환을 수반하여 나타나는 무언가이다. 그 외에 다른 것들은 모두 버려라. 단어나 이미지가 정확해지면 우리는 그것을 '핸들'이라고 부른다.

당신이 그 단어를 말할 때(또는 이미지를 상상할 때) 감각 느낌 전체는 약간씩 움직이고, 조금은 편안해진 느낌이 든다. 마치 그동안 잊고 있었던 무언가를 기억해내듯이 "그건 괜찮아"라고 말하는 신호 같다. 잊고 있었던 느낌은 당신이 기억해내도록 안내하는 역할을 한다. 완벽하게 감지할 수 있는 생각의 개수는 느낌의 일부가 아니다.

단어나 이미지가 느낌에서 나오게 하라. 그것 스스로 '두려운'이나 '내면의 걸리는 곳' '여기가 힘겨운 느낌'이라는 꼬리표를 달게 하라.

일반적으로 정확한 핸들을 찾는 행위는 단지 그 핸들이 맞는지 구별만 할 수 있을 정도로 작은 몸의 전환을 가져다준다. 단어나 문구, 혹은 이미지가 "정확해. 딱 맞아"라고 말하며 작은 안도감을 주는지 느끼기 위해 자신의 몸에 주의를 기울여야 한다.

4) 네 번째 활동 : 공명하는 핸들과 감각 느낌

세 번째 활동에서 얻은 단어나 이미지가 감각 느낌과 비교해 어떤지 확인해보라. 확실히 감각 느낌에 완전히 들어맞도록 하라. "이게 맞아?"라고 물어보라(하지만 대답해서는 안 된다). 감응의 느낌, 내면의 깊은 심호흡, 다시 느껴지는 해방감 등이 있어야 한다. 당신에게 단어들이 올바른지 알려주는 신호이다.

가끔은 확신을 주는 감각이 다가오지 않을 수도 있다. 그때는 좀 더 정확하게 느끼려고 노력하라. 다시 기다리며 느낌에서 보다 정확한 단어가 나오게 하라.

공명을 실행하기 위해서는 반드시 감각 느낌을 다시 경험해야 한다. 하나의 느낌으로써 감각 느낌을 만져야 한다. 사람들은 보통 첫 단어를 얻을 때까지 감각 느낌을 놓지 않고 잘 붙든다. 그러다보면 느낌은 사라지고 오직 단어만 남는다. 결국 느낌과 직접 비교해가며 명확하게 단어들을 확인할 수 없다.

따라서 이전에 느꼈던 바로 그 감각 느낌이 다시 돌아오게 해야 하지만, 그때의 감각 느낌은 약간은 변화된 상태일 수도 있다. 단어들이 무엇에 관련된 것인지 직접 느끼려고 애쓰는 상황이더라도, 차분하게 반복해서 말해 보라. 일반적으로 10~20초 정도가 지나면 본래의 느낌이 다시 돌아온다.

이 과정을 행하는 동안 자연스럽게 느낌도 변한다면

그것도 괜찮다. 느낌과 단어의 양 측면 모두 서로 제대로 맞춰질 때까지 그것들이 어떻게 하든 내버려둬라. 단어들이 느낌을 올바로 나타내도록 완벽하게 맞춰지면 잠시 동안 느껴보라. 당신이 "맞아… 오, 그렇지… 바로 그거야……" 같은 말을 하고 싶은 충동을 느끼도록 허용하라.

　　이 시간을 사용하는 것은 중요하다. 정확한 느낌이 오로지 핸들 확인을 의미하지는 않는다. 지금 당장 몸이 변하고 있다는 의미이기도 하다. 당신의 몸이 계속해서 변하고, 해방되고, 처리하고, 움직이는 한 계속 내버려둬라. 현시점에서 몸이 원하는 모든 해방감과 변화를 얻기 위해 필요한 1~2분의 시간적인 여유를 가져라. 서두르지 말라. 당신은 방금 여기에 도착했을 뿐이다.

5) 다섯 번째 활동 : 질문하기

만일 이전 동작에서 이미 커다란 전환과 개방, 몸의 해방이 이루어졌다면, 곧바로 '여섯 번째 활동'으로 넘어가 전환과 동반되는 내용을 수용해도 된다.

　　예를 들어, 감각 느낌과 함께 고요히 앉아서 그 핵심과 특성을 느끼고 있다면 문제의 전환을 이미 경험한 것이다. 아니면 핸들 단어와 이미지를 따라 나타나거나, 감각 느낌을 활용하여 핸들을 공명하는 동안 나타날 것이다.

일반적으로는 딱 맞는 핸들이 아주 작은 전환을 가져다주지만, 상당히 정확하다는 사실을 알기에는 충분하다. 당신은 이 '정확함'이 만드는 신체적 효과가 나타나기까지 여러 차례 경험(공명)하게 된다. 지금 당신에게는 전환이 필요하다. 적어도 문제를 변화시킬 정도의 전환은 아직 한 번도 나타나지 않았다.

지금이 바로 다섯 번째 활동인 질문하기를 실행해야 할 때다. 이번 활동에서 감각 느낌에게 핸들에 대해 직접 물어볼 수 있다. 질문하기 활동은 일반적으로 모호한 감각 느낌과 어느 정도 시간을 함께 보내거나(불과 1분 정도지만 매우 길게 느껴진다), 또는 반복해서 감각 느낌으로 돌아가는 것을 의미한다. 핸들이 이를 도와준다.

핸들을 이용해 반복적으로 감각 느낌이 분명하게 나타나게 할 수도 있다. 당신이 방금 느꼈던 것이 어떤 느낌이었는지 기억하는 것만으로는 충분하지 않다. 그래서 필요한 것이 핸들이며, 없으면 질문할 수가 없다. 만일 감각 느낌을 놓치면 핸들을 가진 상태로 "여전히 여기 있나?" 물어보라. 몇 초가 지나면 감각 느낌은 다시 나타날 것이다(예전의 모습 그대로거나 약간 늘어진 상태로).

이제 당신은 그것이 무엇인지 물어볼 수 있다. 예를 들어, 핸들이 '조마조마한'이라는 단어라면 분명하게 감각 느낌이 느껴질 때까지 자신에게 계속해서 말해본다. 감각 느낌이 다시 나타나면 "나를 조마조마하게 만드는 문제 전체와 관련된 것이 뭐지?"라고 물어보라.

머릿속에서 많은 대답들이 빠르게 들려온다면 모두 흘려보내고 또 물어보라. 빠르게 다가오는 대답은 마음에서 나온 오래된 정보들이다. 처음에는 감각 느낌이 한 질문에 관심을 보이지 않을 수도 있지만, 두 번째나 세 번째 질문에서는 달라질 것이다. 대답으로 감각 느낌 자체가 흔들릴 것이고, 그 흔들림에서 대답이 나올 것이다.

당신은 마음에서 발생한 대답과 감각 느낌에서 나온 대답의 차이를 구별할 수 있을 것이다. 마음에서 발생한 대답은 생각의 열차처럼 매우 빠르게 다가온다. 빠르게 돌진해 들어와서 감각 느낌과 직접적으로 교감할 여지를 남겨놓지 않는다. 당신은 그 모든 것들을 흘려보내고 핸들을 사용하여 감각 느낌과 다시 접속해야 한다. 감각 느낌이 다시 나타나면 질문을 시작하라.

포커싱에서 가장 중요한 과정이 바로 '개방적인 질문'이다. 다만 질문은 하되, 의식적인 사고 과정을 통해 스스로 답하는 행동은 삼가야 한다. 일반적으로 사람들은 질문에 대한 답을 알고 있다고 생각하거나, 어떤 것이 답이 되어야 하는지 결정하려고 한다. 그들은 폐쇄적인 질문, 즉 즉시 대답할 수 있는 수사적 질문을 하는 경우가 있다. 자신의 감각 느낌에게 그렇게 해서는 안 된다. 감각 느낌에게 물어보는 행위는 타인에게 질문하는 것과 매우 유사하다. 질문한 뒤 대답이 나올 때까지 기다리기만 하면 된다.

단어나 이미지가 느낌으로 나타나게 강제하는 것과 단순히 흘려보내는 것 사이에는 차이가 있다. 강제하면 당신은 대답을 억누르게 되고, 자신의 진정한 특성을 드러내는 것을 막는다. 당신은 아마도 이렇게 말할 것이다.

"오, 나는 이미 네가 무엇인지 알아. 너에게 시간을 허비해봤자 의미가 없어."

이와 반대로 느낌의 바깥으로 흘러나오는 단어나 이미지들은 새롭게 느껴진 차이를 만들어낸다. 그것들은 당신이 이렇게 말하게 한다.

"이봐! 그래, 결국 그렇게 된 것이로군!"

이것이 바로 몸의 전환을 야기하는 단어나 이미지들이다. 몸의 전환은 실제로 아주 신비롭다. 심지어 공정하고, 이성적인 관점에서 보면 겉으로 드러나는 부분이 개선되었다고 보이지 않을 때조차 항상 좋게 느껴진다.

감각 느낌이 전환하지도 않고 당장 해답을 알려주지 못하더라도 괜찮다. 1분 정도 감각 느낌과 함께 있어보라. 전환이 찾아올 때 통제하지 않는다(장점이다). 중요한 점은 그것을 감지하기 위해 당신이 보내는 시간이다(반복적으로 되돌아가는 것을 포함한다). 만약 문제와 관련하여 분명 거기에 있고 올바르며, 의미 있으나 모호한 무언가를 느끼려고 시간을 보냈는데 아직 제대로 알지 못한다면 당신은 포커싱을 하고 있는 것이다.

때로는 다음 두 가지 중 하나를 질문해보는 것도 도

움이 된다. 두 가지 중 하나를 먼저 물어보고 나머지는 나중에 해본다. 질문하면서 감각 느낌에 제대로 연결되어 있는지 정확하게 확인해야 한다. 일반적으로 당신의 마음이 먼저 대답할 것이기에, 감각 느낌이 반응할 때까지 계속해서 질문을 반복해야만 한다.

❶ "이 중에 가장 나쁜 것은 무엇인가?"

(당신의 핸들 단어가 '조마조마한'이라면 "이 모두와 관련해서 가장 '조마조마한' 것은 무엇인가?")

❷ "감각 느낌이 필요로 하는 것은 무엇인가?"

(또는 "이게 괜찮게 느껴지려면 무엇이 필요한가?")

일상적인 질문으로 감각 느낌에 접속해서 두 가지 질문을 차례로 해본다. 질문할 때마다 모호한 감각 느낌을 감지하는 데 1분 정도의 시간을 사용했다면 잠시 포커싱을 중단하는 편이 좋다. 포커싱은 업무를 수행하는 것이 아니다. 그저 당신의 내면과 다정한 시간을 함께 보내는 것이다. 내일이나 다음에 시간을 내어 다시 생생한 기분으로 문제에 접근해보라.

6) 여섯 번째 활동 : 받아들이기

포커싱을 하는 동안 무엇이 다가오든 기쁘게 받아들여라. 그것이 무엇이든 몸이 하는 말을 기쁘게 받아들이는 마음가짐이 중요하다. 단지 하나의 전환일 뿐 최종적으로 전달되는 단어는 아니다. 만일 이 메시지를 기꺼이 호의적으로 받아들인다면 다음 메시지가 이어질 것이다. 변화의 단계를 바로 이어서 진행해간다면, 다음에는 무엇이든 이전보다는 좀 더 많은 변화로 나타날 것이다.

당신은 감각 느낌이 말하는 내용을 믿거나 동의하거나 행동할 필요가 없다. 그저 받아들이기만 하면 된다. 그렇게 하면, 또 다른 전환이 찾아오는 심오한 경험을 할 것이다. 그때는 몸이 하는 말이 평소와는 매우 다르게 느껴질 것이다. 스스로 해야 할 어떤 조언을 하더라도 그냥 내버려둬라.

예를 들어, 감각 느낌을 통해 자신이 해야 할 일, 즉 깊은 내면이 필요로 하는 것이 무엇인지 알게 될 것이다. 그러나 맨 처음 나타나는 모습은 불가능한 일일지도 모른다. 배우자와 아이들을 떠나거나, 직업을 관두라고 요구하거나, 심지어 많은 돈을 요구할지도 모르기 때문이다.

비록 당장은 현실적인 질문을 충족시키지 못하더라도, 삶의 방향을 감지해볼 수 있는 초기 형태의 느낌을 보호하는 것은 중요하다. 올바른 방향에 대한 새로운 느낌을 유지하고, 자신에게 다가올 내용을 걱정하지 말라. 아주 작은 전환에도 충분한 시간을 가지도록 배려하라.

"괜찮아. 지금 나는 적어도 문제가 어디 있는지는 알고 있잖아."

이렇게 말하며 당신은 일시적인 안도감을 찾을지도 모른다. 하지만 비판적 질문들은 그것을 매우 빠르게 삭제해버리기를 원한다.

"맞아. 하지만 내가 바꾸지 못한다면 무슨 쓸모가 있지?"
"이게 사실이야? 아마도 나 자신을 속이는 듯하군."
"다음 전환이 없으면 어떡하지?"

모든 부정적인 목소리에서 비롯된 전환을 보호하라. 그런 말들이 모두 옳아도 지금으로선 두고볼 일이다. 방금 새로 나기 시작한 어린싹에 트럭 한 대 분량의 시멘트를 쏟아붓지 말라.

지금은 문제에 대한 단계들이 사실인지 여부를 확실히 알아보기 위한 충분한 시간이 지났다. 숨 쉴 수 있는 여유를 줘서 스스로 자라나도록 내버려두고, 그것을 느끼고 함께할 시간이다. 이 단계가 지나면 아마도 당신은 포커싱을 멈추고 싶어 하거나, 아니면 계속 진행하고 싶을 것이다. 하지만 너무 서두르지는 말라. 앞으로 1분 정도가 지나면 결정을 내리게 될 것이다.

멈추기로 결정했다면 실제로 여기를 떠나더라도 나중에 다시 돌아올 수 있다. 당신의 내면 풍경에서 실질적인 한 지점을 가리키는 것과 매우 흡사하다. 일단 어디인지도 알고 찾아가는 법도 알고 있다면, 오늘 떠나더라도 내일 다시 돌아올 수 있다.

받아들이는 자세로 임한다면 포커싱을 통해 다가오는 것들은 결코 당신을 압도하지 못할 것이다. 몸의 전환과 함께 오는 것은 뭐든지 기쁘게 받아들여야 하지만, 약간의 거리를 두고 떨어져 있을 필요도 있다. 당신은 그 속이 아니라 옆에 있어야 한다. 당신이 옆에 서 있을 수 있는 공간은 몸이 편안해지면서 몇 분 안에 형성될 것이다. 당신은 자신에게 다음과 같이 말할 것이다.

"나는 이 모든 것을 하루아침에 해결할 수는 없다. 나는 그게 그곳에 존재한다는 사실도 잘 알고 있다. 나는 그걸 다시 찾을 수 있으며, 지금은 잠시 떠날 거다."

당신은 그곳에서 멀리 떨어져서 달아나거나 직접 들어가려 하지도 않을 것이다. 숨을 돌리고 당신과 그곳 사이에 공간이 있음을 직접 느껴보라. 당신은 여기에 있고, 그것은 조금 떨어진 저곳에 있다. 당신이 가지고 있는 것이지, 그것 자체는 아니다.

원한다면 당신과 그것 사이에 문이 하나 있다고 상상해볼 수도 있다. 당신은 문손잡이 위에 손을 올리고 원할 때마다 아주 조금만 열어볼 수도 있다.

03.

한 번 더

포커싱을

원한다면?

몸의 메시지

⋮

당신의 몸이 포커싱을 멈추거나, 또는 계속하기를 원하
는지 느껴보라. 당신의 몸이 다음과 같이 말하는가?

    "잠깐만! 나는 여기에 이제 막 도착했거든. 하루 정도는
    그냥 내버려뒀으면 좋겠어. 아주 새로운 느낌이야."

아니면 다음과 같이 말하는가?

"여기에서 멈추지 말자. 여기는 아직 새로운 장소가 아니야. 나는 여기에 남겨지는 것이 싫어!"

계속 진행했을 때의 반응과 멈추었을 때의 반응을 각각 상상해보라. 만약 멈춘다면 단지 문제를 가진 단계로 돌아갈 수 있는지 확인하는 1분의 시간을 가져본다. 일반적으로 그 결과를 기억하기에는 충분한 시간이 아니다. 나중에 기억해내더라도 사실성이 부족할 수도 있다.

마지막 전환이 일어나기 전 어떤 느낌이었는지 기억해보는 것도 도움이 된다. 예를 들어, 당신이 단단하게 감긴 털실 뭉치를 핸들 이미지로 가지고 있다고 가정해보자. 무엇이 털실 뭉치를 만들었는지 질문하면서 좋은 전환이 찾아왔고, 문제는 해결책을 향해 한 걸음 나아갔다.

당신은 그 단계뿐 아니라 전환 직전이 무엇이었는지도 기억할 수 있을 것이다. 나중에 그 단계를 다시 생각해내려고 할 때는 완전한 신체적 진실과 함께 돌아가도록 도와준다. 이전 이미지 덕분에 완전히 다시 돌아갈 것이다. 멈추기 전에 이것을 찾는 것은 도움이 된다.

포커싱을 한 번 더 진행하기 위해 문제 전체를 새롭게 느끼며 몸에게 물어보라.

"그건 모두 해결되었어?"

당신이 기다린다면 여전히 미해결 상태로 놓여 있는 불편한 마음이 몸에 확실히 나타날 것이다. 이 전체적인 감각 느낌과 함께 이전에 했던 대로 포커싱 2~6단계까지의 활동을 실시하면 된다. 아니면 마지막 전환이나 그와 함께 나타난 것에서부터 진행해나가도 된다.

"지금 그에 대한 전체적인 느낌은 무엇인가?"

고요한 시간 동안 자신의 모습 그대로를 이해하고 어루만지고 받아들임으로써, 당신은 더 발전된 변화를 갈망하고 있다. 이 느낌을 인정함으로써 온화하고 이해심 있는 사람이 되고, 좀 더 나은 변화를 위한 기반을 마련했다.

더 발전된 변화로 이동하기 위해 당신은 두 번째 활동을 다시 시작해야 한다. 방금 받은 몸의 메시지가 무엇이든 그보다 못하거나 뛰어넘는 감각 느낌을 얻는 것이다. 예를 들어, 마지막 단계에서 '무력한'이라는 느낌이 나타났고, 당신은 전환 근처까지 갔다고 가정하자.

"맞아, 그게 바로 내가 느껴왔던 거야. 나는 항상 불쾌하고 심한 무력감으로 조마조마하게 지내왔어! 난 정말 무력해."

이제 한 번 더 진행하기 위해 자신에게 물어본다.

"도대체 내게 '무력함'이라는 전체적인 감각 느낌은 뭐지?"

질문은 하되 스스로 대답해서는 안 된다. 느낌 자체를 심오하게 만들라. '무력함'은 여전히 맞는 단어지만, 지금은 전체 의미 중 오로지 빙산의 일각만 드러냈다. 당신은 단어 속에 숨겨진 의미의 크기를 짐작할 수 있다.

대부분 전체 의미와 관련되어 있다.

새롭고 보다 넓은 감각 느낌의 특성을 느끼도록 노력하는 '세 번째 활동'을 다시 실행한다. 단어가 나타나는 어디든 감각 느낌과 관련하여 확인해야 한다. 만일 단어들이 아무런 차이를 보이지 않는다면 그냥 흘려보내고 다시 감각 느낌으로 돌아간다.

느낌의 전환은 일종의 해방감처럼 느껴진다. 이것은 당신이 포커싱 활동들을 실행하는 동안 언제든 다가올 수 있다. 그런 일이 일어나면 반갑게 맞이하라. 또한 활동들의 일부가 동시에 발생하기도 한다. 그 경우도 기계적인 것이 아니라 인간적인 과정의 일환일 뿐이다. 문제가 해결된 느낌이 들기까지 많은 반복과 단계가 있을 수 있고, 각 단계별로 몸의 전환을 느낄 수도 있다.

한 차례의 포커싱 과정 동안 문제 전체를 모두 처리하기란 불가능하다. 문제가 해결될 때까지 보통 12단계가 소요되며, 많으면 100단계 이상이 필요할 수도 있다. 그 과정들을 이행하는 데 수개월이 걸릴 수도 있다. 충분하다고 여겨질 때까지 지속해나가면 된다. 그럼 어느 순간 다음처럼 말하는 시기가 찾아온다.

"글쎄, 아직 문제를 해결하지 못했어. 하지만 나를 아주 기분 좋게 만들어주는 정류장에 와 있는 기분이야. 이러한 큰 변화에 내 몸이 적응하고, 세상 밖으로 나가서 어떤 일이 일어나는지 알아보려면 하루 정도는 시간이 필요할 거야."

포커싱 단계들과 표면적인 활동 단계들은 종종 번갈아가며 일어나고 각자 서로를 돕는다. 포커싱을 처음 시도하여 극적인 결과를 얻지 못했더라도 낙심하지 말자. 다른 기술들과 마찬가지로 포커싱에도 연습이 필요하다. 우리가 지금까지 봐온 것처럼 포커싱을 실행하기 위해서는, 뿌리 깊이 배인 습관이나 자신에게 말하는 익숙한 방법들을 극복해야 한다. 그러한 어려움들을 다루려면 긴 시간이 요구된다.

CHAPTER 03.

포커싱을
어렵게
하는 것들
①

자책과
자기 혹평을 일삼는
사람들

자책은 쓸모없는 변화만 가져온다

포커싱을 시작하는 사람들이 경험하는 일반적인 어려움
은 포커싱의 결과물에 대한 당혹스러움이다. 사람들은
성인이 될 때까지 심리 치료와 관련해 비전문가의 교육
을 받는다. 그 교육이 어느 정도는 유용하다고 여기기 때
문에 포커싱의 기능에 선입견을 가질 가능성이 있다. 당
신도 마음속에 같은 생각을 가지고 포커싱을 시작한다면

잘못된 방향으로 빠질 가능성이 높다.

당신이 일반적인 사람들과 비슷한 부류라면 자신의 인생에서 무엇이 문제인지 알고 있다. 그래서 종종 자신을 질책하고, 명확한 추론과 가정을 바탕으로 질책에 관한 근거를 만든다.

"우리 엄마는 항상 남자를 싫어하셨고, 사람들에게도 그렇게 말씀하셨어. 나도 엄마에게 그런 부분을 물려받았다는 걸 잘 알고 있지. 나의 내면에는 틀림없이 엄마의 생각 중 일부가 남아 있을 거야. 아니라면 내가 남자와 엮이는 것이 이렇게 힘들 이유가 없을 테니까."

아니면 세련된 훈계 따위는 접어두고 아주 노골적이고 단순하게 자신에게 욕을 해댈 것이다. 불평하는 대상은 지금 당신에게 필요하다고 생각하는 부분이다.

"확실히 내 문제가 뭔지 알아. 배짱도 용기도 없는 사람이 바로 나야. 내게 무언가 잘하는 일이 없는 건 당연해."

자책과 자기 혹평을 일삼는 일은 불쾌할 뿐 아니라 쓸모없는 변화만 가져온다. 당신이 두 사람으로 나뉘어 한 명은 감옥에, 다른 한 명은 밖에 서 있는 경우와 유사하다. 바깥에 있는 사람은 감옥 안에 있는 사람을 훈계하고 욕한다. 그리고 감옥에 갇힌 사람을 비참한 곤경에 빠뜨렸을 것으로 추정되는(일반적으로 증명되지 않은) 성격상의 결점들을 잔인하게 목록으로 만든다. 하지만 그중 어떤 것도 감옥에 있는 죄인이 빠져나오는데 도움을 주지 못한다. 항상 그렇듯 자책이 끝나면 내면의 자아는 갇히고 만다.

포커싱은 그와는 다르다. 내면적 자아에게서 나오는 목소리에 귀를 기울인다. 조용히 다정하게 호의적인 방식으로 "무슨 문제라도 있니?"라고 질문한다. 아마도 당신은 지금까지 자신에게 친절하게 대해본 적이 없을 것이다. 대부분 사람들은 스스로를 매우 나쁘게 취급하고, 심지어 스스로에게 다른 누구보다도 무례하다. 자신의 내면적 자아에게는 가학적인 교도관 같은 행동을 한다.

타인에게는 단도직입적으로 질문하지도 않을뿐더러, 자신의 질문에 스스로 답하려고 하지도 않을 것이다. 당신은 내면의 인격을 타인 대하듯 대해야 한다. 하지만 내면에서 느끼는 인격 역시 스스로 대답할 수 있다. 하지만 내면은 당신이 모든 질문에 답하는 것을 원하지도 않는다.

매우 빠르게 다가오는 유창하고도 익숙한 대답들은 흘려버리려고 노력하라. 당신이 수년 동안 수천 번의 자기 설교와 질책 과정에서 들었던 아주 오래되고도 틀에 박힌 대답들이다. 당신에게 어려움을 주는 상황과 관련한 몸의 감각 느낌으로부터, 또한 내면으로부터 신선하고 새로운 대답이 나올 동안 고요하게 기다려라.

02.

항상

문제를 분석하는

습관

분석은 문제를 해결해주지 못한다

⋮

개인사에 관한 이성적인 분석은 매우 쉽고 때로는 재미있기까지 하다. 그 분석은 정교하거나 단순하거나, 아주 진지하거나 실내 게임이 될 수도 있다. 지식인들은 특성상 어쩔 수 없이 어느 정도는 분석을 하기도 한다.

"내가 혼자인 이유는 틀림없이 남자를 잘못 고르기 때문이야. 끝까지 나를 거부했던 남자도 매료시켜야 했어. 지금도 혼자인 이유는 아버지 같은 사람을 찾고 있기 때문이야."

분석이 정확한 사실이라도 본인에게 좋은 영향을 주지 못한다. 내면에 있는 어떤 것도 변하지 않고, 여전히 옴짝달싹 못하는 상태이기 때문이다.

사실 자기 분석이 이루어지는 조건들은 '갇힌' 특성을 강조한다. 당신이 자신에게 "그게 바로 내가 사는 방식이야"라고 말했다면 변화의 가능성이 없다는 암시이다. 그런 의미에서 분석은 항상 비관적이다.

반대로 포커싱은 낙관적이다. 포커싱은 변화에 대한 아주 긍정적인 기대를 바탕으로 한다. 포커싱은 완전히 분석이 가능한 고정된 구조로 인간을 생각하지 않는다. 지속적인 변화와 진보가 가능한 하나의 과정으로 여긴다. 내면의 '문제'는 단지 그동안 진행을 멈추었던 과정의 일부분일 뿐이다.

포커싱의 목적은 멈추지 않고 삶을 다시 움직이게 만드는 것이다. 정확하게 포커싱을 시행한다면 당신은 변화를 기대할 수 있고, 포커싱 과정 속에서 변화를 창조해낼 수도 있다.

분석하는 대신 문제와 관련된 감각 느낌과의 접속을 통해 한꺼번에 문제 전체에 대한 포커싱을 시작할 수 있다. 감각 느낌이 신체적인 전환을 유도하는 특별한 수용성을 가지고 있기 때문이다. 당신은 '지난밤 우리가 했던 싸움과 관련된 모든 것'의 상세 내용들을 모두 개념화할 수는 없지만, 문제 전체를 느낌으로써 핵심에 접속하고 그 아래에 있는 것과도 연결될 수 있다. 스스로 문제가 해결되었다고 느껴질 때까지 한 단계씩 포커싱을 진행해 나가면 된다.

문제 해결은 '단순한 이해'와는 많이 다르다. 포커싱은 문제에 관해 단지 이야기만 하지 않는다. 어떻게 문제를 느끼는가에 따라 신체적인 전환을 경험한다.

포커싱이 실질적인 문제 해결 단계를 만들어낼 때, 몸은 갇혀 있던 내면에 변화가 생겼다는 신호를 보낸다. 각 단계들은 문제에 대해 느껴왔던 방식과는 약간 다르면서도 더 나은 느낌을 갖게 해준다. 문제에 대한 감각 느낌이 변했다는 것은 당신도 변해왔음을 알려주는 하나의 방식이다. 살아가며 비슷한 문제에 다시 직면하면 그에 대한 반응은 분명히 달라져 있을 것이다.

진짜 '문제'는 우리가 생각한 곳에 있지 않다

:

성공적인 포커싱 단계는 지금까지 잘못되어왔던 것에 대한 보다 참된 이해를 제공한다. 신체적인 느낌 전환에 따라 단어나 느낌과 같은 이해의 형태로 우리에게 다가오며, 주로 새로운 용어로 훨씬 더 분명하게 설명해준다. 모든 어려움은 당신이 살피는 어떠한 고려사항과는 다른 무언가에 뿌리를 둔다. 당신의 신체가 가진 지혜를 받아들이고 더 깊게 포커싱을 하면, 다시 몸의 전환을 동반한 무언가가 나타난다. 이로 인해 또 한 번의 놀라움을 경험하지만, 맨 처음 단계에서 받은 느낌을 논리적으로 따르지는 않는다.

그러나 가끔은 한 개 이상의 단계들은 논리적인 사고를 완전히 무시하고 지나칠 수도 있다. 그런 일이 일어난 이유와 방식에 관한 완전한 이해 없이도 변화는 일어날 수 있다. 예를 들어, 당신이 '존에 대한 모든 것'처럼 다루기 힘든 감각 느낌에 포커싱한다면, 몸의 전환을 동반하는 단어들이 '존' 문제의 의식적인 이해에 별로 도움이 되지 않는다는 사실을 발견할 것이다. 이해는 단지 부산물에 지나지 않는다. 또는 다가오는 것이 요점을 벗어날 수도 있다. 당신은 이렇게 생각할 수도 있다.

'그래, 괜찮아. 나는 지금 존에게 불편을 느끼는 새로운 이유가 무엇인지 알고 있어. 내가 하는 일의 일부가 그 문제와 뒤엉켜 있다는 사실도. 존이 내가 최선을 다해 열심히 노력하지 않는다고 생각하는 것도 알아. 하지만 그게 어떤 도움이 될까? 다음에 그를 만나더라도 문제는 여전히 남아 있을 거야. 그렇지 않아?'

아니, 그렇지 않다. 포커싱을 통한 몸의 전환이 동반된다면 전혀 그렇지 않다. 포커싱에서 전환은 존에 대한 감각 느낌에 변화를 가져온다. 이성적으로 지각하기 위한 당신의 능력이나 다른 누군가의 능력을 뛰어넘어 수백 또는 수천 가지의 방식으로 말이다. 그 변화는 이성적인 마음이 아니라 몸에서 일어나는 것이다. 당신의 의식적인 마음은 거의 아는 바가 없으며, 당신이 알고 있는 것은 오로지 다음에 존을 만나면 다른 느낌을 가지고 다르게 행동할 것이라는 점이다(가끔은 나중에서야 그중 일부를 이해할 수 있다. 자신이 원하는 경우에만).

포커싱 과정은 처음 경험하는 사람들이나 수년 동안 연구해온 사람들 모두에게 신비로운 것이다. 우리는 여전히 마음과 몸에서 일어나는 일들에 대해 아는 바가 별로 없다. 나는 왜 그런 일이 일어나는지보다 '어떤 일이 일어나는지'에 훨씬 많은 확신을 가지고 말할 수 있다. 많은 이들의 마음속에서 일어나는 일들을 확인했고, 나의 내면에서 일어나는 일도 느껴왔다. 지금은 당신의 내면에 그런 일이 일어날 차례이다.

당신이 지금까지 포커싱을 해본 적이 없다면 지금 10분간 해보라. 당신이 마주치는 어려움을 들여다볼 수 있을 것이다.

03.

익숙한

느낌이 아니면

불편해하는 것

익숙한 느낌에서 물러서기

⋮

감각 느낌은 특정한 문제나 염려 또는 상황과 관련된 몸의 물리적 감각이다. 만일 당신이 순전히 몸으로만 느껴지는 감각을 가지고 있고, 그것이 인생의 어떠한 부분과도 관련되어 있지 않다면 그냥 흘려보내라. 차라리 인생이 어떻게 되어가고 있는지 자신에게 물어보라. 그러면 오래지 않아 신체적인 감각 느낌을 얻을 것이다.

당신은 특정 문제와 관련된 독특하고 강렬한 느낌을 가질 것이다. 그 느낌은 대개 반복적이다. 특히 그 느낌을 여러 차례 경험해왔다면 앞으로 반복해서 받을 것이다. 감각 느낌은 광범위하고, 처음에는 모호하며, 인지할 수 없는 일종의 불편함이다. 그것을 위해 당신은 익숙한 느낌에서 한 발 뒤로 물러서 있어야 한다. 감각 느낌은 몸이 문제를 취급함에 있어 보다 넓고, 보다 덜 강렬하며, 획득하기 쉽고, 훨씬 더 포괄적인 방식이다.

감각 느낌의 핸들로써 '특성 단어'는 문제에 대해 아직 많은 이야기를 들려주지 않지만, 당신에게 적절한 단어(또는 이미지)일 것이다. 이 중에는 '힘겨운' '답답한' '집착하는' '주눅이 든' '초조한'과 같은 단어들이 포함되어 있다. 해당 단어들은 아직 명확하지 않은 감각 느낌의 특성을 계속 유지할 수 있게 도와준다.

포커싱에서는 첫 번째 활동이 대단히 중요하다. 첫 번째 활동을 실행할 수 있으면 나머지 활동들 역시 실행될 가능성이 있기 때문이다. 보통 각각의 포커싱을 시작할 때마다 첫 번째 활동은 맨 처음 단 한 번만 실행한다.

당신이 감각 느낌을 통해 한 번에 한 단계씩 진행해나가면 나머지 활동들은 주어진 시간 동안 수십 번씩 반복될 것이다.

처음에 어렵다고 여겨지는 활동들은 사람에 따라 다르다. 첫 번째 활동이 어렵다고 낙심하지 말자. 첫 번째 활동은 소위 말하는 '긍정적인 설정'을 제공하는 행위이다. 이때 당신은 자신을 포커싱 활동들이 자유롭게 일어날 수 있는 몸과 마음의 상태로 만들게 된다.

당신의 내면 행동은 매일 아침 본격적으로 작업을 시작하기 전에 화가들이 하는 행동과 매우 흡사하다. 화가들은 작업을 시작하기 위해 붓을 깨끗이 씻고, 굳은 페인트를 풀고, 말라붙은 물감 찌꺼기를 긁어내고, 물통을 휘젓고, 지난밤 사이 딱딱하게 굳거나 응고된 물감 튜브를 주무른다. 주된 작품 활동에 비해 그다지 중요하지 않아 보일지 몰라도, 화가들은 그런 작업들을 완료하기 전까지 본격적인 작업을 시작할 수조차 없다.

첫 번째 활동에 접근하기 위한 방법은 많다. 그것들은 긍정적인 설정, 즉 '몸과 마음의 수용'을 만들어내는 다양한 내면 행동이다. 어느 한 사람에게 효과가 있었던 접근 방법이라고 해서 다른 사람에게도 효과가 있는 것은 아니다. 개인적으로 자신에게 의미 있는 한 가지 이상의 방법들을 가져야 한다. 당신의 내면에 좋은 결과를 가져오는 방식이나, 여러 가지 접근 방법들을 결합한 당신만의 방법 말이다.

문제를

회피한다는

인식

단지 몇 미러라도 문제와 떨어지기

문제에 빠져서 허우적거리다 문제 자체로 변하고 싶은 사람은 아마 없을 것이다. 그렇다고 문제에서 멀리 떨어지거나 무시하거나 억누르고 싶어 하지도 않는다. 일반적으로 그런 방법들은 효과적이지 않다는 사실을 잘 알기 때문이다.

실제로는 그보다 훨씬 더 유용한 방법이 있다. 문제

와 약간의 거리를 두고 떨어져 있으면서, 자신 앞에 두고 살펴보는 것이다. 문제 속으로 들어가지 않고 약간만 떨어져 뒤로 물러나 있자. 압도적으로 느껴지지 않고, 아직은 문제가 자신 앞에 놓여 있다는 사실을 느낄 정도의 거리이다. 문제에서 단지 몇 미터 정도만 떨어져 있자. 원하기만 하면 물건을 만지듯이 문제에 다가가서 만져보고 느낄 수 있다. 또한 지나치게 위협적이라고 느껴지면 즉시 뒤로 물러설 수도 있다.

당신은 첫 번째 활동에서 하나씩 적용해볼 수 있다. 특정한 날에 당신을 힘들게 하거나 상처를 주고 잔소리를 해대며 괴롭히는 것으로부터 어느 정도 거리를 두자. 물론 여전히 당신 앞에 놓인 문제를 직접 눈으로 볼 수 있다. 하지만 잠시나마 문제들로부터 상처를 입지 않는 아주 조그만 피난처에 들어와 있다.

좋은 느낌을 허용하라

⋮

어떤 이들은 내게 첫 번째 활동이 약간은 문제를 회피하는 것처럼 보인다고 말했다. 그러한 사람들은 대체로 자

신이 가진 모든 나쁜 느낌들을 항상 최고의 강도로 느껴
야 한다고 믿는다. 그게 아니라면 스스로 겁쟁이라고 생
각한다. 심지어 아주 사소하게 느껴지는 좋은 느낌에도
죄책감을 느낀다. 문제가 해결되지 않는 한 계속해서 나
쁜 느낌을 가지는 것을 의무처럼 여긴다. 잠시 동안 좋은
느낌을 가지는 것을 염려하지 말자.

> "당신은 지금 무언가를 회피하는 것이 아닙니다. 걱정하
> 지 마세요. 당신이 좋은 기분을 느끼는 동안에도 모든 것
> 들은 나쁜 상태로 존재합니다."

엉망이었던 것은 여전히 엉망인 채로 제자리에 존재
하기에 당신이 치워야만 한다. 당신은 문제로부터 잠시
떨어져 휴식을 취하는 것뿐이다. 실제로는 스스로 정반대
의 행동을 한 것과 같다. 자신에게 좀 더 효과적이고 다양
한 방식으로 문제를 처리할 능력을 주었기 때문이다.

문제를 기념물로 만들지 말자

∶

당신의 문제를 기념물로 만드는 일을 중단하는 아주 짧은 시간으로 첫 번째 활동을 생각하라. 대부분은 자신의 몸이 끊임없이 문제를 표현하게 해야 한다고 생각한다. 우리는 항상 몸과 함께 생활한다. 즉, 모든 문제와 나쁜 상황들은 마치 몸에서 갑자기 발생하는 경련과 같다. 문제로 인해 몸에서 경련이 발생하는 한, 우리의 몸은 이미 어떠한 형태로든 문제를 가진다. 전반적으로 상쾌한 몸 상태를 유지하며 해당 문제에 잘 대처해 나가기란 거의 불가능하다. 문제로 존재하는 동안 문제에 대처하는 것이다.

포커싱은 당신의 몸에 짧은 휴식을 주는 것으로 시작한다. 대부분의 사람들은 자신의 몸을 인생에 문제가 있는 모습으로 가두며, 매 순간마다 모든 잘못의 기념물로 만든다. 그러나 포커싱은 당신이 잘못된 모든 것의 기념물인 불행한 몸에게 다음과 같이 말하게 한다.

"괜찮아. 우리는 너를 잊지 않을 거야. 너는 잠시 휴식을

취해도 돼. 나중에 다시 돌아와서 기념물처럼 서 있을 수
도 있지만, 지금은 가서 쉬는 것이 좋겠어!"

두려움이란 회피와 망각에 관한 것이다. 마치 '회피
하든가, 아니면 계속 끔찍함을 경험하든가'라는 두 가지
선택사항이 있는 것과 같다. 하지만 제3의 선택도 존재
한다. 당신의 몸에 완전하고 건강한 느낌이 깃들게 하고,
문제를 구상화해서는 안 된다. 단지 문제들을 당신 앞에
놓아두라. 문제들을 회피하는 것이 아니라 아직 완전히
압도당하지 않았을 뿐이다. 약 1분간 그리할 수 있다면
새로운 방식으로 당신의 어려움과 고통을 해결할 준비가
된 것이다.

부담을 내려놓는다

⋮

다른 비유를 하자면, 포커싱의 첫 번째 활동에서 당신의
내면 행동은 지금껏 지니고 있던 무거운 짐을 내려놓는
것과 같다. 당신은 불편한 가방을 짊어지고 수십 킬로미
터나 걸어왔다. 지금은 걸음을 멈추고 어깨에서 짐을 내

려 잠시 휴식을 취하고 있다. 짐을 내려놓았을 때에만 짐 속의 내용물을 확인할 수 있다.

당신의 몸은 휴식이 필요하다. 당신은 매일 아침마다 무거운 짐을 짊어지고 있다. 만약 당신이 일반 사람들과 비슷하다면, 다시 잠자리에 들기 전까지 절대로 휴식을 취하는 법이 없을 것이다. 아마도 며칠 정도는 아침잠에서 깨어났을 때 잠시나마 몸이 가볍고 상쾌한 느낌이 들 것이다. 우리가 원하는 느낌이 바로 그런 것이다. 눈을 크게 뜨고 아주 기분 좋게 편안함과 평온함을 느껴보라.

매일 아침 우리는 무거운 도구들을 짊어지고 하루를 비틀거리며 살아간다. 첫 번째 활동을 통해 지금까지 짊어졌던 무거운 짐을 바닥에 내려놓자. 짐 속에서 하나씩 문제들을 꺼내 일렬로 줄을 세우고는 그저 살펴보기만 하라.

위안을 주는 목록

:

분명히 당신은 해야 할 일들이 너무 많거나, 주어진 일을 처리할 시간이 너무나도 부족할 때의 긴장을 경험해보았을 것이다. 예를 들어, 휴가나 장거리 여행을 떠나기 전에 당혹감이 밀려오거나, 비행기에 오르기 며칠 전부터 제자리를 빙빙 돌며 안절부절못하는 자신을 발견한 경우가 있을 것이다.

그런 상황이라면 무언가 중요한 일을 잊어버린 경우처럼 당신이 염려할 만한 일을 저질렀을 가능성이 높다. 그럼 어떻게 스스로를 진정시킬 수 있을까?

가만히 자리에 앉아서 해야 할 일의 목록을 작성해보자. 물론 목록을 작성한다고 문제가 해결되는 것은 아니다. 다만 좀 더 편안한 마음을 가질 수 있다. 정신적인 공황 상태를 진정시켜주고, 침착하고 순차적으로 문제의 핵심에 접근할 수 있는 상태로 만들어준다.

05.

우호적이지

못한 경청에서

벗어나기

내 이야기를 공정하게 듣는 연습

⋮

첫 번째 활동은 내면에서 친절한 느낌의 환경을 구축하는 시간이다. 자신의 이야기를 공정하게 들을 준비를 하는 것이다. 아주 부드럽게 자신에게 물어보라.

"지금 기분이 어때? 지금 무슨 생각을 하고 있니? 당장 네게 중요한 것은 무엇일까?"

직접 대답해서는 안 된다. 그저 기다리기만 하면 된다. 대답이 느낌이 되어 당신의 몸에 다가오게 하라.

사람들은 항상 자신을 힘들게 하거나 그럴 것 같은 일의 목록을 아주 길게 생각하는 경향이 있다. 그것은 우리가 원하는 목록이 아니다. 우리는 단지 정상적인 건강한 느낌으로부터 몸을 방해하는 것이 무엇인지 알면 된다. 처음에 주먹으로 벽을 치는 조급한 모습을 보일 수도 있다. 스스로 자신을 잘 알고 있다고 생각하기 때문이다.

"난 괜찮아. 주요 인간관계와 다른 걱정거리에 대한 나쁜 느낌만 없다면 말이야."

이는 당신의 질문에 직접 대답하는 것이다. 몸은 그렇게 빨리 대답하지 않는다. 약 30초 정도의 시간이 필요하다. 그런데 당신은 기꺼이 몸에게 30초라는 시간을 제공할 수 있을까? 이상하게도 대부분의 사람들은 그렇게 하지 못한다. 시계를 보고 30초가 얼마나 긴 시간인지 직접 확인해보라. 아마 놀라울 정도로 긴 시간이라는 사실을 깨달을 것이다. 바로 지금 30초의 여유를 가지고 한번 시도해보기 바란다.

대부분은 자신에게 매우 불친절하다. 당신이 그들 중 한 명이라면 지금까지 친구보다 더 못하게, 심지어 싫어하는 룸메이트보다도 못하게 자신을 취급해왔을 것이다. 우리는 평소에도 자신에게 투덜거리고 욕을 퍼붓지만, 무언가 잘못되면 더욱 참지 못한다. 이상적인 모델을 구축하고 그에 미치지 못하면 자신을 비난한다.

"아, 나는 정말 게을러터졌어. 내가 이루고 싶은 것이 있었다면 더욱 열심히 일했을 거야. 나를 위해 훌륭한 목표를 정했지만, 그저 뒷걸음질치고 당황하며 변명만 늘어놓았을 뿐이야."

그러고는 자신에 대한 잔소리로 이어진다. 당신은 포커싱을 하고 나서야 고요하게 자리에 앉아 다정한 말투로 어떤 의미인지 자신에게 물어볼 것이다. '게으른'이란 말은 유일한 표면적 단어이며 모욕적이다. 이 말은 당신이 어떤 느낌을 가지는지 중요하지 않다는 의미이다. 그러나 몸은 왜, 어떻게 당신이 지금 모습을 하고 있는지 알고 있다. 당신이 다정하게 귀를 기울여 몸의 이야기를 경청한다면 중요한 핵심이 들어 있다는 사실을 깨달을 것이다.

대체로 사회는 자신에게 대하는 것과 똑같은 태도로 당신의 말을 불친절하게 경청한다. 세상은 이렇게 말한다.

"열심히 해봐!"

물론 사람들은 결과를 원하지만, 가끔은 너무나 빠르고 긴박하게 원하는 바람에 그 속에 무엇이 들었는지 확인할 단 1분의 시간 여유도 없다. 1분이라는 시간은 엄청난 차이를 만들 수 있다. 어떤 사람들은 진정으로 우리를 방해하고 좌절시키는 것이 무엇인지 알고 싶어 하지도 않는다.

"그냥 제대로 해봐."

우리를 방해하거나 좌절시키지만, 한편으로는 더욱 효과적이며 보다 흥미롭고 창의적으로 만드는 내면의 복잡성은 그리 환영받지 못한다. '게으른' '내키지 않는' '이기적인' '자기 연민적인' '지나치게 예민한' '너무 부담스러운' 같은 비난의 말들은 진정으로 내면에 있는 것을 설명하지 못한다. 오히려 우리의 내면에 존재하는 것을 묵살하는 경향이 있다. 비록 그렇더라도 우리는 내면을 들여다보아야 한다.

특정 기간 동안, 아마도 몇 년 정도는 말하지 못했던, 무척 수줍어하는 사람을 인터뷰한다고 상상해보라. 당신은 5초 만에 평정심을 잃고 그 사람에게 소리를 질러대지는 않을 것이다. 그저 다정하게 질문을 할 것이다. 그가 가망 없는 얼간이이며 머리가 텅 비어서 말조차 제대로 할 수 없는 사람이라고 결론을 내릴 때까지는 적어도 30초 정도는 기다릴 것이다. 더구나 그가 말한 첫 마디를 무시하지도 않을 것이다.

포커싱을 시작하기 전에 자신을 완전히 바꾸라는 말이 아니다. 당신이 자기 수용적이고 자애적일 수 있다는 제안도 아니다. 이 책을 읽었다고 원하는 모습이 될 수 있다는 말도 아니다. 오히려 포커싱할 당신의 태도에 관한 것이다. 내면의 목소리를 들으려는 시도를 방해하는 강하고 거친 소리가 크게 들리기도 하고, 때로는 자신을 비판하는 소리가 들리기도 할 것이다.

그래서 친절하게 경청하는 분위기를 조성하는 것은 중요하다. 내면에서 찾은 느낌이 무엇이든 받아들일 준비를 잠시 동안 하라. 논쟁을 벌여서는 안 된다. 우호적이지 못한 경청은 특정 대답이나 원하는 모든 대답들을 완전히 말하기도 전에 거절되는 듣기 방식이다.

CHAPTER 04.

포커싱을
어렵게
하는 것들
②

01.

감각 느낌에

접속하는 것의

어려움

나를 괴롭히는 감각 느낌 찾기

⋮

두 번째 활동을 통해서도 문제를 극복하는 방법에 대해 살펴볼 것이다. 나는 이것을 '문제 전체에 대한 느낌'이라고 부른다. 자신을 괴롭히는 문제나 상황에 대한 전체적인 감각 느낌을 스스로 만드는 활동이다.

나는 다양한 어려움들을 극복하기 위한 몇 가지 사항들을 제안할 것이다. 당신이 사용할 도구를 선택하는 하나의 방편으로 이번 글을 살펴보기 바란다. 다음 도구들 중 자신에게 유용한 것을 골라 활용해보면 좋을 것이다.

당신은 문제에 대한 감각 느낌에 접속하는 데 어려움을 겪어왔을 것이다. 아니면 감각 느낌이 다가오면 인지할 수 있다는 확신을 갖지 못했을 것이다. 어떤 언어를 활용하든 감각 느낌을 설명할 단어를 찾을 수 없어서 설명하기가 무척 어렵다. 지금까지 매우 극소수의 사람들만이 감각 느낌을 이해해왔다. 사회, 또한 언어에서는 감각 느낌이 아니라 생각, 느낌, 개념 등과 같은 오로지 결과적인 징후만을 검토해왔다. 심지어 심리학자들조차 감각 느낌을 불가사의한 것으로 치부한다.

감각 느낌은 카펫처럼 여러 가닥의 끈이 서로 엮여서 만들어지지만 전체적인 하나로 느껴진다(카펫으로 비유하자면 '보인다'). 예를 들어, 골퍼들이 공을 칠 때의 동작은 많은 조직들이 서로 엮여서 구성된 신체 인식이다. 목표를 향해 잘 짜인 위치, 주변 환경, 신체 동작 등과 관련된 세세한 정보를 기억하기란 거의 불가능하다.

그러나 몸은 스윙하기 위해 취해야 하는 통합된 동작의 복잡한 설정을 알고 있다. 상황에 대한 하나의 감각 느낌은 문제와 몸이 알고 있는 해결책을 서로 통합한다.

　　골퍼들은 세세한 내용들을 지성적으로 생각할 수 없다. 스윙할 때는 수백 개의 다양한 근육들이 정확한 방식으로 모두 함께 움직여야 한다. 각각의 근육들은 100만 분의 1초 만에 동작을 취해 적절한 시간 동안 뼈에 당겨지는 힘의 양을 정확히 사용해야 한다. 몸은 이 모든 것을 전체적인 하나로 느낀다.

　　골프 선수의 스윙 준비 동작을 관찰해보면 몸 전체가 목표물을 조준한다. 단지 눈이나 팔만 사용하는 것이 아니다. 발의 배치를 바꾸거나, 몸 전체를 회전하거나, 위치를 재설정한다. 골퍼들은 몸 전체의 느낌을 활용하여 조준한다. 그 과정의 일부로 의식에 대한 방향성이 요구된다. 골퍼는 '이번에는 왼쪽 팔꿈치를 똑바로 펴야 해'라고 생각할지도 모른다. 그러나 목표를 설정하는 다른 모든 동작들은 골퍼가 생각한 왼쪽 팔꿈치와 같은 의식적인 인지 없이 일어난다.

　　예비 동작들은 몸 전체의 느낌에 따라 인도되어 균형을 찾고, 당신은 '맞아, 지금 나는 준비됐어. 느낌이 왔어. 바로 스윙할 수 있어'라고 알려주는 느낌을 얻으려고 노력한다. 너무도 많은 세세한 내용들이 관련되어 있어서 골퍼들은 자신의 '준비된 느낌'을 설명하지 못한다. 그럼에도 그들은 느낌이 왔음을 인지하고, 몸의 느낌이 정확할 때 스윙한다.

골퍼들이 스윙할 준비가 되어 있는지 여부를 판단하기 위해 살펴보는 곳과 같은 지점에서 감각 느낌을 찾을 수 있다. 그들은 머리로 질문하지 않으며, 단지 몸으로 해답을 느낄 뿐이다. 몸 안에서 일어나는 느낌에 대한 과정들은 어떤 스포츠에서도 낯설지 않다. 머리로 질문하거나 머리를 사용해 몸을 지배하려는 행동은 절대 효과를 발휘하지 못한다. 드물기는 해도 공식적인 행사에서 우리는 정확한 발표를 위한 말을 준비해야만 한다. 대개 무언가를 말하려고 할 때 우리는 전달하고자 하는 바에 대한 감각 느낌을 가진다. 덕분에 말하는 동안 적절한 단어가 나온다.

감각 느낌은 수십 개 내지 수백 개의 구성 요소를 포함한다. 전달하고자 하는 의미, 부여하고 싶은 느낌의 색채, 특정 청자들에게 그 말을 하고자 하는 이유, 원하는 반응 등이 포함된다.

지금 당신이 발표할 순서를 기다리고 있다고 치자. 잠시 주의가 산만해진 상태이고, 당신은 하고자 하는 말을 놓친 상태라고 상상해보자. 다른 사람들이 당신 차례가 되었음을 알려주고, 당신이 말하기만을 기다리지만 정작 당신은 아무 말도 할 수 없을 것이다. 할 말을 가지고 있지 않기 때문에 잃어버린 기억을 낚아올리기 위한 어떠한 단어도 사용할 수 없다. 당신이 하고자 했던 말에 대한 감각을 회복하기 위해 무엇을 할 수 있을까? 어디에서 그것을 찾을 수 있을까?

만약 내면에서 찾으려 한다면 비공식적으로 포커싱과 아주 흡사한 과정을 경험할 것이다. 지금부터 당신의 내면을 훑어보라. 내면에 감각 느낌은 있지만, 이전에 가진 '말할 준비가 된' 열린 감각 느낌은 아닐 것이다. 대신 잊었던 말에 대한 느낌을 얻는다. 단지 고요하고 수용적으로 가만있기만 하면, 저절로 감각 느낌이 열리면서 단어들이 홍수처럼 밀려들 것이라고 기대할지도 모르겠다. 아니면 그렇게 자신에게 물어볼 수도 있다.

"그게 무엇에 관한 것이었지?"

당신은 논리적인 연관성을 찾기 위해 노력할 수도 있다.

"사람들은 이러이러한 내용을 말하고 있었어. 당연히 ○○○와 관련이 있을 거야."

또는 잃어버린 퍼즐 조각처럼 여러 사건들을 둘러싸서 잃어버린 의미를 재창조하려고 노력할 수도 있다.

"캐롤이 ○○○라고 말한 직후에 그게 왔어. 내가 입을 열기 전에는 루가 ○○○라고 말했지!"

이런 과정 중 어떤 것은 당신을 감각 느낌으로 인도해줄 수 있으나, 이때 감각 느낌은 반드시 반응을 해야만 도움이 된다. 감각 느낌이 반응하고 열리면서 하고자 했던 말이 떠오르면, 신체적인 해방감은 당신이 해냈다는 사실을 알려준다. 하지만 사람들에게 전달하고자 했던 말이 무엇이었는지 알게 된 순간에도 여전히 감각 느낌은 말로 표현되지 않는 경우가 많다.

당신이 하고 싶은 말을 알고 있을 때, 또 그 말을 잊어버렸다는 사실을 알았을 때에도 감각 느낌은 존재했다. 어떤 사람은 자신이 잊어버린 것이 감각 느낌과 같은 것이라고 말하기도 한다. 실제로는 잊어버렸던 것이 기억나야 비로소 감각 느낌은 다시 열린다. 말하고자 했던 내용을 스스로 찾아서 사용하도록 허용하는 것이다.

포커싱은 이와 매우 유사하다. 단어가 아니라 오직 느낌만이 존재하는 곳으로 가야 한다. 처음에는 감각 느낌이 형성될 때까지 아무 일도 일어나지 않을 수 있다. 그러다 감각 느낌이 형성되면 마치 내면이 무언가로 충만한 듯한 느낌이 들 것이다.

감각 느낌은 당신이 느낄 수 있는 의미를 내포하지만, 대부분 즉각적으로 열리지는 않는다. 일반적으로 그것이 열리기까지 몇 초 정도 시간이 소요된다. 당신은 그동안 감각 느낌과 함께 있어야 한다. 감각 느낌이 형성되고 열리기까지 보통 30초 정도가 소요된다. 주의가 흐트러지는 것까지 감안하면 약 3~4분이 걸린다.

감각 느낌을 찾으려면 단어는 없어도 당신이 아는 자리, 몸이 느끼는 곳을 찾아보아야 한다.

02.

괜찮지

않은

느낌

감각 느낌을 형성하는 방법

:

❶ 당신이 좋아하거나 아름답다고 생각하는 것을 선택한
다. 물건, 애완동물, 장소 등 어떤 것이든 가능하다.
어떤 면에서는 당신에게 매우 특별한 물건일 수도 있
다. 1~2분 정도 소요된다.

❷ 한 가지를 정한다. "왜 나는 ㅇㅇㅇ을 좋아하는가. 왜

나는 이것이 아름답다고 생각하는가?"라고 자신에게
물어본다.

❸ 특별함이나 사랑스러움에 대한 전체적인 느낌을 느껴
본다. 의미를 알 수 있는 한두 개 정도의 단어를 스스
로 찾을 수 있는지 확인해본다.

❹ 전체적인 감각 느낌에 해당 단어들이 의미하는 바를
직접 느껴보고, 새로운 단어나 느낌이 다가오는지 확
인한다.

위 4가지 단계는 무언가 크고 분명하게 느껴짐에도
말로 표현할 수 없는 감각 느낌을 직접 경험하도록 도와
준다. 실제 당신이 가진 사랑의 느낌보다, 단어들이 가진
의미가 얼마나 부족한지 확인해본다. 어쨌든 감각 느낌
과 관련된 단어들의 의미는 옳은 것이다(당신이 그 단어들을 찾
기에 성공한다면).

우리가 자신에게 잘 지낸다는 표현을 어떻게 했는지

앞서 했던 설명을 다시 떠올려보자. 그렇다면 몸 안의 나쁜 느낌은 어떻게 말대꾸를 할까? 우리는 "괜찮아. 정말 괜찮아! 그것 때문에 괴로운 것은 아니야"라고 말하지만, 몸을 확인해보면 예전과 같은 나쁜 느낌이 나타날 뿐이다.

지금 한 가지 문제에 포커싱을 한다고 생각해보자. 물론 당신의 문제여서 좋은 느낌을 가지고 있지는 않다. 그렇더라도 "나는 아주 기분이 좋아. 문제가 모두 해결되었거든"이라고 말하며 몸에게 의견을 제시해보라. 당신의 몸에 주의를 기울이면 문제와 관련해 매우 구체적이면서도 '괜찮지 않은 느낌'이 나타난다는 사실을 매우 빠르게 알게 될 것이다.

물론 당신은 그동안 그 문제에 좋지 않은 느낌을 가져왔다는 점을 알고 있다. 그러나 지금 몸은 문제의 원인을 나타내는 감각 느낌의 정확한 특성을 감지할 수 있다. 만일 감각 느낌을 놓치고 어찌할 바를 모른다면 포커싱을 하는 동안 언제든 같은 방법을 활용할 수 있다. 당신은 그저 몸에 주의를 기울이고 "그래서 이 문제는 이제 모두 해결되었군. 그렇지?"라고 말하면 된다. 잠깐 동안 기다리면 여전히 풀리지 않은 문제에 대한 감각 느낌이 나타날 것이다. 그다음 감각 느낌의 특성을 감지하면 된다.

가끔은 이미지로 시작해 감각 느낌을 찾는 것도 도움이 된다. 문제 전체가 넓은 벽에 걸린 매우 큰 그림이라고 상상해보라. 그림 전체를 보려면 뒤로 물러서야만 한다. 이미지가 당신에게 다가오게 하자. 그 이미지가 당신에게 주는 것은 어떤 감각 느낌인지 몸이 하는 말을 경청하자.

03.

당신을

가로막고 있는

말들

변화의 가능성을 부정하는 단어들

⠇

아주 오랫동안 어떤 문제와 함께 살아왔다면, 아마도 당
신은 그 문제를 설명하기 위해 자신이 만든 말에 갇혀 있
을 것이다.

"나는 섹스와 관련된 문제가 무엇인지 알고 있어. 나는
그게 두려워. 정말 두려워. 나는 느낄 수 있어. 무슨 말이

더 필요하겠어?"

그런 단어들이 당신을 가로막고 있다면 분명 아무 전환도 일어나지 않을 것이다. 모두 비관적인 단어들이며 변화의 가능성을 부정한다. 그런 단어들은 다음과 같이 말한다.

"이게 내가 살아가는 방식이야. 나는 이렇게 살도록 만들어졌어. 그게 아니라면 삶이 나를 이렇게 만들어놓지 않았겠지. 나는 여기에 갇혀 빠져나가지 못해."

앞에서 우리는 그런 단어들을 흘려보내는 방법을 이야기했다. 우리가 알고 있는 것들을 무시하고, 몸이 진정으로 느끼는 것이 무엇인지 새롭게 발견하기 위한 방법이다. 당신이 가진 느낌을 받아들이고, 모든 것에 대한 감각 느낌으로 영역을 확장해보라. 또 다른 방법은 자신에게 물어보는 것이다.

"이런 문제를 가진 사람이 된다는 것이 지금 내게 어떤 느낌이지?"

처음에는 명확하지 않은 커다란 무언가를 즉시 느낄 것이다. 그것에 포커싱을 하라. 오히려 그 느낌의 특성이 즉시 명확해질 것이다. 아마도 문제에 대한 분노나 문제 해결을 위한 절박함, 힘겨운 무력감, 위축되고 긴장되는 느낌일 것이다. 문제 전체의 감각 느낌이 다가올 수도 있다.

당신에게 다른 구체적인 느낌을 주기 위해 해당 문제를 가진 한 사람이 되는 느낌이 어떤지 물어보는 것은 시야를 넓히는 데 도움이 된다. 그다음에는 당신에게 다가오는 주요한 느낌 특성에 포커싱하도록 한다.

만약 설명하는 단어, 생각하는 단어, 비난하는 단어들이 계속해서 머리에 떠오르면, 자신만의 확장 가능한 질문들을 계속해서 되뇌어보라. 예를 들어, "그것에 대한 전체적인 느낌은 무엇인가?"라고 계속해서 질문해보라. 그렇게 하다보면 마음에서 단어를 만들어내는 부분을 직접 통제할 수 있다. 그런 단어들은 더 이상 거침없이 당신에게 쏟아져 들어오지 못한다.

그렇다고 그 단어들과 맞서 싸우라는 말은 아니다. 단어를 그저 흘려보내는 것도 매우 좋다. 핵심은 스스로 그것들을 뒤로한 채 지나쳐 오거나 뛰어넘었다고 느끼는 것이다. 이를 위해서는 확장 가능한 질문을 계속해서 반복하는 것이 도움이 된다.

오래도록 가져온 똑같은 생각과 느낌에 갇혀 있지 않는 것이 중요하다. 하나의 다른 과정이 몸의 보다 넓은 감각에서 시작될 수 있도록 시야를 넓혀야 한다.

단어를 제외하고 어떠한 느낌도 없을 때

⋮

단어와 전혀 다른 느낌을 갖거나 감각 느낌을 경험할 수 없다면, 그리고 당신의 느낌이 항상 그 느낌과 정확히 맞아떨어지는 단어와 함께 나타난다면, 항상 모든 것을 전체적인 하나로 만들기 위해 다음을 실행해보라.

평소대로 첫 번째 포커싱 활동을 실시한다. 공간 정리, 문제들을 한곳으로 치워 놓기, 조용히 앉아 수용하기 등이다. 다음으로 당신이 가진 느낌에서 가장 충만한 단어를 천천히 12번 정도 반복한다.

"나는 그게 두려워… 두려워……?"

항상 몇 가지 질문들이 그 단어들의 주변을 맴돌게 하라.

"'두려운'이라는 단어가 무슨 뜻이지? 내면적으로는 어떤 느낌이야? 나는 어디에서 그 느낌을 받지?"

처음에는 말과 느낌이 정확하게 하나였지만, 잠시 후 느낌이 다소 커지면서 단어의 가장자리 주변에 불쑥 튀어나온다. 물론 그 단어들이 옳다는 사실을 깨닫는다 하더라도 그것들은 오로지 느낌의 핵심만을 가진다. 실제로는 느낌에 대한 더 많은 것들이 존재한다. 시카고에서 포커싱을 가르치는 훌륭한 교사 한 분이 내게 이런 말을 했다.

"처음 제가 포커싱을 시도했을 때는 감각 느낌을 느낄 수 없었어요. 제가 느낄 수 있는 단어들만 가졌을 뿐이죠. 그것들이 맞는 단어라는 사실을 제외한 어떠한 느낌도 없었어요. 제가 가진 단어는 무언가에 대한 정의 같았어요. 저는 정확하게 그 단어 자체처럼 보이게 정의했어요. 오로지 각 느낌의 핵심만을 보고 있었고, 느낌의 중심에는 단어의 의미가 있었어요. 느낌 이상의 무언가가 있다는 사실을 깨달을 때까지 꼬박 3개월이 걸렸죠. 희미한 가장자리 같은 것을 가지고 있었어요. 그것들은 단어들이 가진 의미를 뛰어넘었는데, 제게는 획기적이었어요. 희미한 가장자리를 가진 느낌이 바로 감각 느낌이었죠. 저는 지금도 그렇게 가르치고 있어요."

보다 희미한 느낌의 가장자리를 찾기 위해, 또는 단어에서 분리된 느낌을 얻기 위해 당신이 찾을 수 있는 가장 의미 있는 문구나 문장을 반복하면 도움이 된다. 어디에서 무엇을 느끼는지를 알아내기 위한 노력 같은 것이다.

어떤 면에서 당신은 지금 포커싱 활동들을 거꾸로 경험하고 있다. 누군가에게는 이것이 더욱 효과적일 수 있다. 공통된 과정은 문제 전체의 감각 느낌과 접속하는 것이다(두 번째 활동). 하지만 앞서 말한 대로 포커싱은 기계적인 과정이 아니다. 만약 가끔씩 단어와 함께 시작해서 거꾸로 진행하여 전체적인 감각 느낌에 접속하는 방법이 보다 효과적이라면 그렇게 진행하면 된다.

그리고 당신의 내면적 태도는 질문하는 것이지, 대답하는 것이 아니라는 사실에 확신을 가져야 한다. 수년간 자신에게 말해온 바를 단순히 반복하는 것은 아무런 소용이 없다. 반복적으로 질문을 하더라도 어떻게 몸이 경험하는지 질문한다는 생각으로 해야 한다. 당신의 감각 느낌이 대답할 수 있게 허용해야 한다.

04.

아무것도

느끼지 못하게 하는

몸의 긴장

몸의 긴장을 풀어보기

포커싱을 하기 전에 몇 분간 스트레칭을 하고 온몸을 이
완시키면 도움이 된다. 팔, 손, 팔뚝을 꽉 조이고 단단한
긴장감을 느끼게 하라. 긴장 상태를 느끼고 나선 천천히
이완시킨다. 그 차이를 느껴보고 온몸이 느슨하고 부드
럽고 긴장이 풀린 상태를 느끼게 하라. 다리와 배, 턱 등
모든 신체 부위에 같은 동작을 반복한다. 당신이 어디까

지 숨을 참을 수 있는지 확인하고 서서히 긴장을 푼다.
예전에 누군가 내게 한 말이 있다.

"포커싱을 배우기 전이었어요. 먼저 저는 평소의 일반적
인 감정들이 어떻게 몸 안에 존재하는지 알고 싶었어요.
물론 두려움과 불안, 흥분을 느끼곤 했죠. 하지만 단지
제 주위에서만 느꼈죠. 마치 공중에 떠 있는 것처럼 말이
에요. 가슴이 뛰거나 가슴이 철렁 가라앉는 느낌 같은 것
들이 몸 안에서 일어난다는 사실을 깨닫기까지 어느 정
도 시간이 걸렸어요. 처음에는 모든 사람들이 내면에서
느끼는 아주 일반적인 감정을 배워야 했어요. 그제야 비
로소 저도 내면의 감각 느낌을 찾을 수 있었습니다."

만일 그런 경험들이 당신에게 알맞다면, 일상적인
감정을 강하게 느낄 때마다 자신을 붙잡을 수 있는 일주
일 정도의 시간 여유를 자신에게 주어라. 몸이 느끼는 것
에 주목하다보면, 몸이 내면의 감정을 느낀다는 사실을
알게 될 것이다.

지금 자신을 시험해보라. 당신의 주의를 배에 집중

할 수 있는가? 그럴 수 있다면 배에서 아주 독특한 느낌을 느낄 것이다. 아마도 따뜻하고 희미하며 꽉 조인 긴장감 같은 느낌일 것이다. 느껴지지 않는다면 당신은 그곳에 더 많은 주의를 기울여야 한다.

왼쪽 엄지발가락에 주의를 기울이고 필요하다면 조금씩 움직여보라. 발가락을 아래로 꽉 눌러보라. 지금 발가락에서 발생하는 감각을 느껴라. 다음으로 무릎으로 이동한다. 무릎을 움직이지 않은 상태에서 당신의 내면이 스스로 찾을 수 있는지 확인해보라. 주의를 사타구니로 올렸다가 배로 이동해보라. 그곳이 바로 지금 당신이 있는 곳이다.

매우 낯설지만 배우는 데 그리 오랜 시간이 걸리지 않는다. 대부분의 사람들은 자신의 주의를 배나 가슴에 집중할 수 있다. 조금만 더 노력한다면 당신도 가능하다.

마음이 방황하고 있을 때

⋮

포커싱하고 있을 때 의지와 상관없이 생각의 기차에 몸을 싣고 달리는 자신을 발견한다면 아주 부드럽게 원위치로 돌려놓으면 된다.

"나는 무엇에 포커싱하고 있었지? 오, 그거야… 내가 그
것으로 무엇을 하려고 했지? 그렇군, 전체를 한번 느껴보
자. 전체적인 느낌은 무엇이지?"

자신을 원위치로 돌려놓기 위해 당신은 주의가 산만
한 어린아이를 다루는 것처럼 부드럽고 상냥하게 행동해
야 한다. 관심을 끌기 위해 아이를 팔로 감싸고 부드럽게
당신이 가르쳐주고 싶은 말을 일러준다. 마음이 방황하
면 아이에게 하듯 팔로 부드럽게 자신을 감싸고 원위치
로 돌아가라고 알려주라. 동작의 횟수는 상관이 없다.

05.

그럼에도

아무 느낌이

없을 때

이름 없는 느낌이 최고의 결과물

⋮

어떤 사람들은 자신의 느낌에 접속하기가 매우 어렵다고
생각한다. 예를 들어, 한 친구가 당신에게 가장 좋아하는
그림을 보여주었다고 하자. 친구는 그림을 보고 당신이 무
언가 의미 있는 말을 해주기를 바랄 것이다. 하지만 당신의
내면에서 아무런 반응이 나타나지 않았다. 만일 나타났다
하더라도 당신은 제대로 접속할 수 없다. 당신은 그림을 한

번 훑어보고는 입을 열어 그저 한마디하고 말 것이다.

"음, 이건… 멋지군."

이것은 당신의 내면이 아주 복잡하지 않고 단순하며 복잡성을 가지고 있지 않다는 사실을 나타낸다. 하지만 당신도 인간이기에 감정의 복잡성을 가지고 있고, 그 복잡성은 항상 그곳에 존재한다.

'누가 우리를 속인다면 화가 날 거야' '누가 우리를 무시한다면 상처를 받을 거야' 같은 단순한 패턴에 익숙한 나머지, 그 이면에 숨겨진 자신의 독특한 복잡성을 보려 하지 않는다. 하지만 그것은 항상 이면에 존재해왔다.

내가 당신에게 "당신은 무시당하고 있는데 어떤 느낌이 드나요?"라고 물어본다면 어떨까. 아마 "기분 나쁘지요. 당신이라면 기분이 어떨까요?"라고 대답할 것이다. 세상 모든 사람들은 무시당했을 때 '기분 나쁘다' '상처받았다'고 느낀다. 이것이 바로 진실이다.

하지만 나를 어디에서 어떻게 이해하는지는, 당신을 어디에서 어떻게 이해하는지와 같지 않다. '어디에서 어떻게'라는 말은 패턴화되고 보편적인 단순한 느낌 아래에 존재한다. 그것과 접속하기까지 약간의 시간이 더 소요된다. 당신은 자신에게 말해야 한다.

"그래, 맞아… 나는 상처를 받았어. 그건 자연스러워. 물론 나는 그 이유도 알고 있어. 사람들이 나를 무시했어. 바로 그거야. 나와 관련된 모든 것을 한번 느껴보자. 그건 '그 사람의 모든 것'과 '그 사람과 관련된 나의 모든 것', 그리고 '무시당한다는 것이 나에게 의미하는 모든 것'을 지닌 채로 느껴야 해."

당신은 그 느낌의 덩어리들을 아직 명확하지 않은 상태로 느낄 것이다. 그다음 그 감각 느낌과 핵심에 포커싱을 할 수 있다.

무엇보다 당신의 내면을 알아가는 것이 중요하다

:

보다 복잡한 자신의 느낌에 접속하기가 어려울 때 할 수 있는 몇 가지가 있다. 어떤 사람들은 자신의 느낌을 매일 시간대별로 규칙적으로 확인한다. 아마 대부분은 그렇게 해본 적이 없을 것이다. 그렇다면 다음 며칠 동안 한번 시도해보라.

지나치는 느낌들을 붙잡는 것이다. 타인들과 소통하고 일상을 경험할 때 마음속으로 가끔씩 하던 행동을 중단하고, 아주 친절하게 '지금 내 기분은 어떤가? 지금 내 느낌은 어떠한가?'라고 물어보자. 스스로 정답을 알려줘서는 안 된다. 기다리면서 무엇이 다가오는지 살펴보자. 당신이 내면에서 찾아낸 것을 수용하는 한 기분은 좋아진다.

스스로 알아낸 것을 두고 자신을 나쁘게 말하거나 욕하지 말자. 단지 자신이 발견했으며, 확실하게 느껴진다는 사실에 감사하자. 내면을 알아가는 일은 중요하다.

누군가가 함께 있다면 당신이 구체적인 느낌을 언제 명확하게 표현하는지 알려달라고 하라. 자신의 느낌에 접속하는 데 도움이 될 것이다. 주변 사람들은 진정한 의미가 무엇인지 정확하게 알지 못하더라도, 당신이 느낌을 가지고 있다는 사실을 올바르게 추측해낼 수 있다.

당신이 느낌을 가지고 있는 것처럼 보인다고 친구가 말해준다면 고맙게 받아들여라. 그렇다고 느낌에 대한 친구의 말을 있는 그대로 받아들여서는 안 된다. 내면을 확인해보면 "너 화나 보여"라는 친구의 평가는 아마 틀렸을 것이다. 대신 당신은 화나고, 곤란하고, 짜증스럽고, 참지 못하고, 염려하고, 기타 이름이 붙지 않은 다른 기묘한 느낌이 느껴질 때 그것을 인지할 수 있다. 더 나아가 그 속에 무엇이 들어 있는지 느껴볼 수 있다.

만일 느낌에 맞는 이름이 없다면 그건 최고의 결과물이다. 만약 그 느낌 중 하나에 '화난' '겁나는' '지루한' 등의 낡은 꼬리표를 붙인다면, 당신은 그 느낌에 대해 알아야 할 모든 것을 알고 있다고 생각할 것이다. 하지만 꼬리표는 그 느낌에 의미가 부여되고 그것으로 끝이 된다.

그러나 '분노'라는 꼬리표가 붙은 느낌을 느끼는 방법은 무한으로 많아서 알아야 할 것들이 넘쳐난다. 지금 나의 '분노'는 다음에 느낄 또 다른 '분노'에서 나온 다른 느낌들의 덩어리로부터 불쑥 튀어나온 것이다. 이미 만들어진 꼬리표를 달고 있는 느낌에 머물 필요가 없다. 특히 이름 없이 등장하는 느낌들을 주목하고 환영해야 한다. 이름 없는 느낌이 느껴진다면, 잠시 멈추고 경청하면서 새로운 단어들이 흘러나오게 해야 한다.

"나는 지금 이것과 관련해서 무언가 할 수 있을 것 같은데… 그렇지만 사방이 벽 같은 걸로 막힌 듯해."

포커싱을 하는 동안에는 무엇이든 하나의 느낌으로 나타난다. 앞서 설명한 대로 느낌의 부재 역시 하나의 느낌이다.

"나는 허탈해."
"그럼 이 '허탈감'은 도대체 어떤 느낌이지? 허탈감의 전체적인 느낌은 뭐지?"
"나는 갇혀 있어."
"그럼 이 '갇힌 느낌'은 도대체 어떤 느낌이지?"

긴박한 갇힘인지, 당신이 짊어진 바위와 같은 힘겨운 느낌인지, 아니면 '해야 할 일을 알지 못해 발생한 갇힘'인지 스스로 알아내야 한다. 아니면 함정에 빠진 느낌인가? 자신의 느낌에 시간적인 여유를 준다면 알아서 열릴 것이다.

06.

포커싱

자체가

두려울 때

포커싱으로 알게 될 것들이 두려울 때

⋮

"나의 내면을 살피고 싶지 않아. 그곳에서 알게 될 내용
이 두려워."

사람들이 하는 일반적인 염려이다. 그러나 포커싱을
하는 동안 자신에게 친절할 수 있다. 자신의 손을 잡고
말하라.

"괜찮아. 우리는 네가 가고 싶어 하지 않는 곳에 가라고 강요하지 않아. 만일 두렵다면 우리는 가까이 가지 않을 거야. 우리는 여기에 머물면서 네가 가진 두려움이 무엇인지 살펴볼 거야. 괜찮지? 지금의 '두려움'은 어떤 느낌이지?"

또는 자신에게 이렇게 말할 수도 있다.

"나는 문제에 포커싱하기가 두려워. 아마 그곳에는 내가 보고 싶지 않은 무언가 불편함이 있을 거야. 좋아… 기다려… 내가 들어가기를 원하지 않는다면 가지 않을 거야. 하지만 나는 물러서지도 않을 거야. 나는 포커싱하기를 원하지 않는 이곳에 머물면서 그 느낌이 무엇에 관한 것인지 살펴볼 거야. 두렵니? 좋아, 그렇다면 그 '두려움'과 함께 여기에 같이 있자. 지금의 '두려움'은 무엇일까? 어떤 종류의 '두려움'일까? 전체적인 느낌은 무엇일까?"

포커싱 과정은 좋은 느낌이다. 하지만 그렇지 않다면 약간 뒤로 물러서서 좋지 않은 느낌을 주는 것이 무엇인지 살펴보라. 압박하지 말고, 대신 즉각적으로 나타나는 느낌의 장벽에 포커싱하라. 그에 관한 전체적인 느낌은 무엇인가?

포커싱하려는 대상이 나쁜 느낌이거나 두려운 느낌일 수는 있다. 그러나 포커싱 자체는 항상 좋은 느낌을 주며, 나쁘게 생각하거나 두려워하는 느낌을 경감해준다. 감각 느낌이 열리면 해방감이 찾아오고 다시금 기분도 좋아진다.

당신을 포커싱으로 안내하는 목적은 기분이 더 좋아지고, 주의를 집중하고, 감각 느낌을 개방하고, 해방감을 느끼고, 신선한 공기를 맛보게 하는 것이다. 내면에서 무엇을 발견하든 스스로 이름을 붙여주고 주의를 집중하면 기분은 더 좋아질 것이다.

07.

만약

느낌을

회피한다면

내 느낌이 두려울 때

⋮

어떤 사람들은 자신들의 내면에 무서운 것이 있다고 생
각한다. 심리 치료사도 마찬가지다. 이는 불합리한 생각
이다. 상자에 갇힌 독사 같은 형언할 수 없는 공포와 섬
뜩한 상태는 당신의 내면에 존재하지 않는다. 많은 사람
들은 자신에 대해 말한다.

"나는 뚜껑을 열고 싶지 않아. 모든 나쁜 것들이 밖으로 나오게 만들고 싶지 않아."

당신은 뱀으로 가득 차 있는 상자가 아니다. 살아서 꿈틀대는 느낌들로 넘쳐나는 상자가 아니다. 당신은 하나의 과정이며, 당신의 느낌은 그 과정의 일부이다.

아버지가 내 말을 들으려고 하지 않을 때 느꼈던 한 가지 느낌이 있었다. 바로 '무력한 분노'이다. 당시 내가 가지고 있었고, 지금도 여전히 가지고 있다. 원하기만 하면 내 몸 속으로 다시 되돌아올 수도 있는 느낌이다.

하지만 나는 결코 그 느낌 자체가 될 수 없다. 나는 천 가지의 다른 느낌들과 함께 나타나는 이 느낌을 '무력한 분노'라고 부른다. 이 느낌이 다시 내게로 돌아올 때마다 또 다른 완전성을 지닌다.

포커싱을 하는 동안 나의 몸에게 전체 느낌에 대한 좀 더 많은 것을 달라고 요구한다. 그러면 내가 자신에게 접근하는 방식이 그 완전성을 바꾸게 된다. 좋은 느낌을 가져오는 포커싱 과정 자체는 이 느낌이 생산되는 주변 환경의 많은 부분을 바꾼다. 어린 시절에 느낀 나의 기억은 변하지 않지만, 몸 전체가 느낌을 만들어내는 방식은 변할 것이다. 내면에 오랫동안 갇혀 있으면서 변하지 않았던 것을, 몸이 스스로 바꾸도록 포커싱이 허락하는 이유이다.

내면에 있는 것을 두려워할 필요가 없다. 정작 우리의 내면에는 아무것도 없기 때문이다. 그래서 우리의 느낌은 매 순간마다 새롭게 만들어진다.

너무 많은 느낌들이 빠르게 다가온다면

⋮

어떤 사람들은 느낌이 빨리 다가오고 너무도 많아서 포커싱이 어렵다고 생각한다. 그런 사람들에게는 포커싱이 느리게 진행되어야 한다. 나는 그들에게 말한다.

"하나만 선택하고 멈추세요. 선택한 것과 함께 머무르세요."

"느낌에 대한 전체적인 혼란이 있어도 괜찮아요. 마치 그 아래에 하나의 느낌만 있는 것처럼 모두 그대로 내버려두고 단지 스스로 고요하게 내려가보세요. 모든 것 아래에서 그 느낌을 느낄 수 있는지 확인해보세요."

(고요하게 내려가고선… 말한다.

"상처받은 느낌이에요.")

"아하, 당신은 거기에 있군요. 상처가 어떤 것이고, 상처에 대한 감각 전체가 무엇인지 살펴보세요. 스스로 책임을 지고 모두 밖으로 던져버린 후 하나씩 들어오게 하세요. 우선 당신에게서 모두 떼어놓으세요. 그냥 앉아서 방 안을 둘러보고 모두 밀어버리세요. 잠깐 휴식을 취한 후 느낌 하나만 들어오게 하세요. 반드시 하나만 들여보내야 한다는 사실을 명심하세요."

08.

우리를

비난하는

마음속 비평가

모두 가지고 있는 마음속 비평가

:

모든 사람은 내면에 '비평가'를 가지고 있다. 비평가는 아주 불쾌한 목소리로 말한다.

"너는 아무 일도 하지 않을 거야."

"넌 형편없어. 쓸모도 없고, 아무도 네 근처에 오길 싫어할 거야."

"네가 또 망쳐놓았군. 넌 늘 이런 식이야. 멍청한 녀석이 여기 또 하나 있군."

"너는 우유부단하고 용기도 없어. 그게 너야?"

가끔 이런 목소리에 그럴듯한 정보가 담기기도 한다. 그렇더라도 말투는 정말로 불쾌해서 자신에게 파괴적인 비난을 하고 있는지 구별할 수 있다.

내면의 비평가는 당신의 내면적 근원과는 다르다. 비평가는 내면에서 말하는 자신에 대한 감각 느낌이 아니다. 오히려 외부에서 들어온 목소리와 흡사하며, 당신의 생각을 뛰어넘는다. 화난 부모나 비열한 교사처럼 당신 앞에서 좌우로 손가락을 흔들어 댄다.

당연히 당신의 내면에서 느낌을 만들어내지만, 포커싱할 만한 느낌은 아니다. 단지 당신의 내면에서 비평가가 만든 압박감과 단단히 조여드는 긴장감일 뿐이다. 자신의 비평가를 존중해서는 안 된다. 비평가는 당신의 양심이 아니다. 양심은 여전히 '내면의 작은 목소리'로 존재한다.

당신이 비평가를 복도로 내보내 기다리게 한다면 어떠한 정보든 훨씬 더 잘 평가할 수 있다. 당신의 감각은 내면에서 나오고, 항상 열려 있으며, 제약이 없다. 당신은 이것을 느낄 수도 있고, 느끼지 못할 수도 있다. 두 가지 중 무엇이든 포커싱을 위한 완전히 다른 종류의 신체적 경험이다. 비평가를 다루기 위한 최선의 방법은 무례한 말로 쫓아버리는 것이다. 나의 비평가는 보통 같은 말을 계속해서 반복한다. 그래서 나는 그에게 말한다.

"꺼져버려! 새롭게 할 말이 생기거든 다시 돌아와."
"그런 말투로 말하는 사람에게 귀 기울일 필요는 없어."

모든 심리 치료사들은 사람들이 가진 파괴적인 부분을 발견하고 다양한 이름을 붙여주었다(초자아, 나쁜 부모, 반감, 비평가 등). 당신이 어떻게 부르든 속아 넘어가서는 안 된다. 포커싱을 실행하는 동안 비평가의 방해를 받으면 반드시 쫓아내야 한다. 비평가는 밀어내버리고, 당신의 몸에 주의를 기울여야 한다.

비평가가 만들어내는 압박감이 약해지게 만들라. 문제 전체에 대한 감각 느낌이 형성되는 자신의 내부적 근원을 다시 감지할 때까지 기다려라.

어떤 사람이 아주 좋은 말을 했다.

"그것은 몸의 중심에서 쾅, 쿵 소리만 들려줬어. 예전에는 끔찍한 느낌에 대한 신호였고, 지금은 나를 화나게 하는 신호야. 마치 누군가가 나를 발로 걷어차는 것 같아. '당장 멈춰!'"

단순하게 비평가의 말을 믿고선 당신의 기분을 얼마나 상하게 하는지 포커싱하지 말라. 대신 그 아래에서 당신이 진정으로 느끼고 인지하고 필요로 하는 것을 알아내라. 당신이 느끼고 필요한 곳으로 내려가라. 그때 비평가와 함께해서는 안 된다.

"나는 금방 기분이 나빠지고, 항상 기분이 나쁘다."

신중하고도 정확한 방법으로 포커싱하는 방법을 지도하고 있음에도 불구하고, 어떤 사람들은 모든 과정을 건너뛰거나 곧바로 일상 속의 나쁜 느낌으로 향한다. 어떤 이들은 내면으로 들어갈 때마다 그곳에 존재하는 하나의 나쁜 느낌으로 변하곤 한다. 그래서 그들은 포커싱을 시작했다. 그룹을 지어 포커싱 방법을 지도한 후 나는 사람들에게 개별적으로 메모해달라고 요청한다. 포커싱을 시도하며 마주치는 어려움이 궁금했다. 한 여성은 다음과 같이 썼다.

"여기에 왔을 때는 기분이 좋아요. 하지만 나쁜 느낌에 포커싱을 하고 나면 지금처럼 기분이 나빠집니다. 이것이 포커싱을 하는 이유인가요?"

포커싱이 그런 것이라면 누가 하겠는가? 그것은 포커싱이 아니다. 포커싱은 오래되고 익숙한 당신의 나쁜 느낌보다 넓고도 다른 무언가의 감각 느낌이 형성되도록 만드는 것이다. 오래되고 익숙한 하수구에서 빠져나와 뒤로 한발 물러서서 나쁜 느낌이 포함된 문제 전체를 보다 넓은 감각으로 받아들이는 일이다. 예를 들어, 깨진 애정 관계의 상처는 기억하지 말라. 대신 뒤로 한발 물러서서 감각 느낌에게 당신과 사랑에 관련한 전체 영역의 감각을 형성해줄 것을 요청하라.

'맞아, 상처가 있었지. 하지만 다른 것도 있지 않을까? 그 주변과 아래에 있는 전체적인 느낌은 뭐지?'

물론 당신은 자신만의 특별한 우울한 장소가 어디인지 알고 있다. 심지어 당신을 빨아들이는 그림도 있지만, 그 속으로 빨려 들어가서는 안 된다. 당신의 인생 전체에 관해 어떤 느낌인지 자신에게 물어보라. 그 감정에서 벗어난 자신을 발견하고, 그 아래에 있던 감각 느낌도 다가올 것이다. 이상하게 들리겠지만, 포커싱은 무거운 감정보다 더 가볍다. 가끔은 포커싱하는 중에 무거운 감정이 다가오기도 하지만, 감각 느낌은 늘 감정보다는 몸을 너그럽게 대한다.

훌륭한 열정, 어리석은 시샘, 눈물겨운 억울함, 엄청난 고통 등은 때로 거의 인지하지 못하는 미미한 느낌들에 의해 시작된다. 만일 당신이 많이 느껴왔고 지금까지 추구해온 느낌이 강한 열정이라면, 그것을 유발한 아주 '사소한' 느낌에 포커싱해야 한다.

처음 포커싱을 들은 사람들은, 잠시 동안이나마 압도적인 느낌과 개인적으로 평화로운 상태를 경험하기 위해 오후 시간을 통째로 비워야 한다고 생각한다. 포커싱은 그런 것이 아니다. 감각 느낌 전체는 이미 느끼는 것보다 가벼운 느낌이다.

버스를 기다리면서도 포커싱을 할 수 있다. 단지 당신과 느낌 사이에 있는 것이 괜찮은 상태인지 살펴보기만 하면 된다. 그 속으로 들어가지 말고 "네, 거기에 있네요…"라고 말하고는 공간을 만들었을 때의 안도감을 느끼면 된다. 만약 문제 하나를 해결해야 한다면 문제에 관한 전체적인 감각 느낌을 얻어야 한다. 자신에게 물어보라.

"지금 거기서 감각 느낌을 가지면 어떤 기분일까?"

버스에 탈 때쯤이면 기분은 훨씬 더 좋아질 것이다. 해야 할 일 사이의 몇 분을 포커싱에 할애하는 것도 괜찮은 방법이다. 왜 당신은 긴장감을 하루 종일 짊어지고 살아가는가?

포커싱은 짧게는 몇 분에서 10분, 15분, 길게는 30분 정도의 시간만 있으면 가능하다. 더 이상의 시간은 필요하지 않다. 그 후 대화하고 휴식을 취하는 등 다른 일을 하면 된다. 너무 열심히 하지는 말라. 어차피 당신은 나중에 다시 돌아와야 한다. 그동안 당신의 몸이 일을 처리할 것이다.

감각 느낌에 포커싱하면 당신은 거기에서 나오는 더 많은 느낌들을 경험한다. 감각 느낌은 분노, 두려움, 증오, 기쁨, 불안 같은 감정이 아니다. 감각 느낌은 당신의 전체 감정에 대한 느낌이며, 많은 것들의 종합적인 느낌이다. 감정이 포함될 수도 있고, 그로부터 감정이 나올 수도 있다.

09.

느낌을

대하는

당신의 태도

느낌에 대한 태도

⋮

자신의 느낌에 대한 태도 중 유용한 결과를 만들어내지 못하는 경우가 있다. 하나는 엄격하게 통제하는 태도이다. 머리로 몸을 지배하려고 하고, 굴복하지 않으려고 하고, 그로 인해 멈추는 것을 말한다.

또 다른 하나는 느낌을 관리하거나 제어하는 것을 전혀 원하지 않는 태도이다. 떠다니기, 이미지들이 떠돌게 두기, 느낌이 오가게 두기 등을 제외한 모든 것들을 인위적으로 여긴다. 몸의 전환을 막는 극단의 태도는 많다. 포커싱은 어느 정도는 고의적이면서도 통제되는 과정이다. 그 후에는 억제하기, 흘려보내기, 구속 풀기에 관한 고의적이면서도 공평한 이완이 기다린다.

"나는 당장 다른 무엇도 아닌 바로 이 느낌을 알고 싶어. 무엇에 관한 느낌이지? 그 속에는, 그 아래에는 무엇이 존재하지?"

당신이 어딘가에 휩쓸리는 것을 발견하면 다시 자신을 구속하면서 말할 것이다.

"그때 내가 어디에 있었지? 아, 맞아. 나는 죄책감에 관한 무언가와 함께 있었어. 대체 어찌된 일이지……?"

일단 확실하고 아주 강력하게 감각 느낌과 접속하면 당신은 자신에게 가했던 구속을 풀게 된다. 그때 그곳에서 나온 것을 통제하면 안 된다. 감각 느낌에서 비롯되는 한 어떠한 단어나 그림, 신체적 감각이라도 다가오게 만들어야 한다. 이 과정을 '고의로 놓아주기'라고 부른다.

몸이 진정으로 전환되도록 두기

:

처음 포커싱을 배우면 몸의 반응이 매우 약할 수 있다. 무언가 딱 맞는 것이 다가오면 당신의 몸에서는 간신히 느낄 정도의 '그래'라는 반응이 나타난다. 몸이 좀 더 큰 전환을 받아들이는 법을 배워야 한다.

깊고 긴 숨을 내쉬고, 고개를 끄덕여보고, 몸 전체의 긴장을 풀어라. 이러한 움직임은 당신의 마음을 누그러 트린다. 고의적으로 몇 번 더 시행하면 몸은 좀 더 자유롭게 표현하는 법을 배울 것이다.

한 가지 사례로 두려움에 떠는 작은 소녀를 생각해 보자. 소녀는 극도로 겁에 질려 있고, 오로지 눈망울만 움직일 뿐이다. 당신이 소녀에게 다가가 "애야, 두렵니?" 라고 말을 건넨다. 그러자 소녀는 세상에서 가장 꾸밈이 없는 작은 끄덕임을 보인다. 당신은 작은 소녀의 몸에 아직 변화가 일어나지 않았다는 사실을 알고 있고, 다시 소녀에게 말을 건넨다.

"두렵니, 얘야? 어떤 기분이 들어도 괜찮단다. 곧 우리가
무엇을 할 수 있는지 알게 될 거야. 너는 그게 무서웠니?
그래, 정말로 무서웠구나."

어린 소녀는 실제로 당신의 팔 안에서 마음이 누그
러질지도 모른다. 물론 항상 커다란 감각 전환이 있는 것
은 아니다. 가끔은 하나의 작은 단계가 오로지 미미한 신
체적 효과만을 가져올 뿐이다. 하지만 몸에서 간신히 들
리는 "네"라는 대답을 아주 빠르게 진정시키지 않고 계속
해서 질문한다면 가끔 커다란 효과도 나타난다.

당신의 몸에 맞다고 느껴지는 무언가가 다가온다면,
많이는 아니더라도 몇 차례 정도는 확인해본다. 잘못된 것일
수도 있지만, 보다 주요한 신체적 변화를 일으키기도 한다.

효과 유발용 질문들

⋮

감각 느낌에 접속했지만 변화를 만들 수 없다면, 아직 자

신에게 확장 가능한 질문을 하지 않았기 때문이다. 때때로 느낌은 특정한 방식으로 만들어진 질문에만 반응한다. 실제로 같은 질문을 다른 방식으로 만들면 반응하지 않는다. 내면의 전환을 야기했던 질문이라도 다음에는 효과가 없을 수 있다. 따라서 효과가 있는 하나 이상의 문구를 찾을 때까지 다양한 문구를 활용하여 실험해보는 편이 좋다.

아래 목록은 많은 사람들에게 가장 큰 효과를 준 몇 가지 질문들을 모아 놓은 것이다.

"정말로 이것은 무엇인가?"

기본적으로 당신이 구하고자 하는 것이 무엇인지를 나타내지만, 질문이 지나치게 일반적이고 모호하다. 다음 질문들은 보다 구체적이다.

"이것의 핵심은 무엇인가?"

"가장 최악인 경우는 무엇인가?"

"나를 가장 많이 괴롭히는 두세 가지 문제는 무엇인가?"

"그것의 중심에는 무엇이 있는가?"

"이것 아래에는 무엇이 존재하는가? 무엇이 그런 일을 하고 있는가?"

"이것으로 인해 내게 일어나야 하는 일은 무엇인가?"

"기분이 좋아지려면 무엇이 필요한가?"

문제가 무엇인지, 어떤 것이 옳은지를 물어보는 두 가지 기본적인 질문이 있다는 점을 명심하자. 활용해볼 만한 또 다른 유형으로는 '지금까지 문제가 무엇이었으며' '어떤 일이 일어나야 하고' '어떤 일이 아직 일어나지 않았는지' 등의 질문이 있다.

가끔은 전진형 질문을 해보는 것도 중요하다. 예를 들어 당신이 자주 외로움과 고립감을 느낀다면, 포커싱하는 동안 그 느낌이 자주 나타난다. 고립감과 어울리는 감각 느낌 전체에 포커싱을 하는 것은 바람직한 행동이다. 이때 자신이 스스로를 고립시키는 방식이나, 다른 점을 알게 될 것이다. 어떤 상황에서는 감각 느낌에게 "이런 식으로 느끼지 않으려면 무엇이 필요한가?" 같은 형태의 질문을 시도해보는 것도 중요하다. 과거의 문제뿐만 아니라 진전을 위한 삶의 단계들을 찾도록 도와줄 것이다.

10.

문제 아래에

무엇이 있는지

모를 때

단어를 확장하기

:

당신은 지금까지 문제와 관련된 전반적인 감각 느낌에
접속하고 문제의 특성에 관한 질문을 해왔다. '나는 두려
워'라는 핸들이 나타났다고 하자. 다음 단계로 나아가기
위해 당신은 두려움 아래에 무엇이 있는지, 무엇이 그렇
게 하는지 감각 느낌에게 물어보았다. 그러나 아무것도
나타나지 않았다. 이때 반복적으로 당신이 느낄 수 있는

것은 오로지 '나는 두렵다'뿐이다. 당신은 지금 갇혀 있는 것이다.

당신은 아마도 꼬리표가 달린 단어로 인해 갇혔을 것이다. 마치 그것이 필요한 말을 모두 한 것처럼 당신은 그 단어(두려운' 또는 무슨 단어든지)를 바라보고 있다. 혹은 당신은 그 느낌에 해당하는 유일한 단어로 '두려운'을 추적해갈지도 모른다.

'두려운'이 유발된 더 큰 느낌은 무엇인가? 세상에는 '두려운'을 동반할 수 있는 수많은 느낌들이 존재한다. 두려움을 동반하는 느낌의 덩어리에서 하나의 느낌을 찾아보자.

또는 문제로부터 한발 뒤로 물러서자. 여전히 그곳에 있을 것이기에 걱정하지 않아도 된다. 휴식을 취하고 심호흡을 하라. 문제를 단순한 '두려운'보다 넓고 깊은 것이라고 생각해보자. 문제는 당신의 인생, 과거, 미래, 타인 등에 관한 많은 다른 것들을 동반해서 나타난다. 그것은 당신 인생에서 하나의 전체적인 조각이고, 전체적인 맥락이다.

모든 것을 생각해볼 때 당신 몸에서 발생하는 전체적

인 느낌은 무엇인가? 아니면 "왜 나는 두려워하는가?"라고 물어보라. 반복해서 물어보되 직접 대답해서는 안 된다. 질문을 계속해서 시도하는 동안 무엇이 특별한 '두려움'을 동반하는지에 대한 전체적인 느낌을 얻기 위해 노력해야 한다. 그것이 가진 독특한 특성은 무엇인가? 당신의 내면에서 느껴보고 어떠한 새로운 말들이 나타나는지 살펴보라.

"나는 두려워… 그것과 더불어 외로움도 느끼고 있어. 마치 내 삶이 그러하듯… 맞아! 바로 그것이 가진 느낌이야! 높은 곳에서 외줄에 홀로 매달려 있는데, 사람들은 모두 가버리고 나를 도와줄 사람이 나타나지 않을 것 같은 상황이야."

이미지 활용하기

⋮

당신이 갇혀 있을 때 몸의 전환을 가져오는 또 다른 방법은 이미지 형성이다. 많은 사람들은 선명한 이미지를 가지고 있지만, 또 많은 이들은 그렇지 않다. 그러나 누구든지 눈을 크게 뜨고 본다면 일상의 이미지를 형성할 수 있다. 당신이 잠을 자는 침대가 놓인 방을 상상해보자. 당신은 침대에서 문까지 어떻게 가는가? 심지어 독서를 하고 있을 때에도 시각적인 이미지를 불러올 수 있다.

똑같은 내면 공간에서 자신이 형성할 느낌에 대한 이미지를 요구할 수 있다. 이미지가 갑자기 떠오를 때를 기다려라. 이미지는 감각 느낌을 표현한다. 예를 들어, 당신은 숲, 사람, 폭풍우, 벽, 달리고 있는 자신의 모습을 볼 수 있다.

일단 이미지를 가지면 해당 이미지가 어떻게 당신이 느끼도록 만드는지 살펴보라. 종종 이미지를 가지고 있는 것만으로도 전환이 나타난다. 그것과는 상관없이 자신에게 "지금 이 이미지로 나는 어떤 느낌을 받을까?"라고 물어보라. 아마 당신에게 하나의 단계를 제공해줄 것이다.

'말하기'보다 '질문하기'

⋮

나는 분석하고, 추측하고, '알아내는 행위'에 한 번 더 주의를 주고 싶다. 전환을 막을 수 있기 때문이다. 우리 모두는 자신의 문제에 대해 많이 알고 있다고 생각한다. 우리는 몸을 심하게 괴롭히고 이곳저곳으로 밀어붙이며 혹사한다. '몸이 하는 말'을 충분히 경청하지 않기에 이런 결점들은 언제든 나타날 수 있다. 심지어 포커싱 중에도 발생한다.

당신은 문제에 관한 감각 느낌 전체를 형성하고 핵심을 찾아내 1~2초 정도 좋은 느낌을 느낄 것이다. 이때 오랫동안 갖고 있던 분석하는 습관이 사라질 수도 있다.

"확실히 나는 이것이 무엇인지 알아. 그건 틀림없이……."

'그건 틀림없이……'라는 문구를 들을 때마다 무시해버려라. 당신은 무엇이 잘못되었는지 말해주려고 하지만, 단지 살아가며 대부분의 사람들이 하는 행동을 그대로 따르는 것뿐이다.

내면 행동에 있어서는 '말하기'보다 '질문하기'가 더 중요하다. 자신에게는 아무 말도 하지 말라. 그저 질문하고, 기다리고, 몸이 알아서 대담하게 내버려두라.

포커싱이 당신에게 주는 보상인 효율성은 연습을 통해 향상될 수 있다. 마침내 우리는 문제 해결 규칙에 대해 의식적으로 생각할 필요가 없는 단계까지 왔다. 아울러 6단계 연습인 포커싱 과정을 생각할 필요도 없다.

포커싱은 일상에서 걷기와 마찬가지로 당신에게는 쉽고 자연스러운 행동이 될 것이다. 원한다면 일상생활의 일부가 될 것이다. 스트레스를 받을 때뿐 아니라 모든 삶의 문제를 해결하는 하나의 방편으로 포커싱을 활용하는 자신을 발견할 것이다.

CHAPTER 05.

타인과
함께하는
포커싱

01.

경청

그리고

포커싱

타인과의 관계와 포커싱

⋮

당신은 주변 사람들에 대해 얼마나 알고 있는가? 남편이나 아내? 가장 친한 친구? 부모? 심지어 가까운 사람들조차도 제대로 알지 못할 것이다. 물론 특정한 상황에서 나타나는 그들의 행동과 항상 하는 말과 특정 상황에서 주로 하는 말 정도는 잘 알고 있을 것이다. 함께 있다면 다음 대화를 예측하거나 대화 주제를 예상할 수도 있다.

하지만 예상이 거의 적중할지라도 그들의 내면적인 경험까지 알지는 못한다.

당신 주위엔 진정으로 당신을 이해하고, 당신의 느낌을 듣고 싶어 하는 사람이 있나? 대부분의 사람들은 "아무도 없다"라고 말한다. 일부는 다음처럼 말하기도 한다.

"누군가 내 말을 듣고 싶어 했지만, 그는 나를 진정으로 이해할 수 없어."

매우 극소수의 사람들만이 내면적인 경험을 공유할 '누군가'가 있다. 그럼에도 그들이 공개하는 수준은 매우 제한적이다. 심지어 자신에게도 물어보아야 한다.

"당신은 어두운 곳에 홀로 남겨진 적이 있는가?"
"알지도 못하면서 왜 당신은 그들을 두려워하는가?"
"당신은 어떻게 그들을 조사할 것인가?"

경청과 포커싱이 공유된다면 단 몇 시간 만에 서로를 좀 더 깊게 알게 된다. 인간은 서로 접촉이 필요하다.

타인과 우리가 다르다는 점도 우리는 접촉을 통해 안다. 타인이 우리를 느끼는 것도 같은 맥락이다. 서로를 진정으로 알지 못하는 상태에서의 접촉은 제한적이다. 우리는 따스한 온기를 바라며 모이고, 거기서 약간의 위안을 얻는다. 하지만 함께 모여 있을 때조차 지나친 사생활 노출은 고립을 초래한다.

서로를 정확히 보고 알기 위해서는 포커싱과 경청하는 마음이 동반되어야만 한다. 자신에 대해서도 내면적인 경험이 열려 있어야 한다. 그렇지 않으면 서로를 볼 수도 공유할 수도 없다. 오로지 말할 수 없는 절반의 존재 안에서 갇혀 지내야 한다.

대부분의 사람들은 내면적인 풍요로움을 표현하지 않고 살아간다. 자신의 역할 속에서만 살아간다. 대체로 자신을 낮추고, 자신의 생각은 접어두며, 장시간 숨을 참으며 산다. 내면적 자아는 거의 사라진 모습이 되었다. 하지만 종종 내면에 무언가가 존재하는지 궁금해한다.

'마음을 여는' 횟수가 많다고 좋은 것도 아니다. 어떤 두 사람이 아주 가깝게 지내면 해를 거듭할수록 똑같은 느낌을 가지는 경향이 있다. 따라서 '터놓고 말한다'는 말은 똑같은 공간에서 한결같이 틀에 박힌 말을 하고, 또 듣는다는 의미와도 같다.

앞으로 포커싱과 경청을 통해 닫히고 고립된 관계에 도움을 주는 몇 가지 방법을 소개할까 한다. 처음에는 당신과 가장 친한 사람이 아닌 다른 누군가와 함께 제시한 단계들을 시도해보라. 당신에게 중요한 사람이 아니라면 접촉과 깊이에 대한 경험을 통해 쉽게 알아갈 수 있을 것이다.

포커싱과 경청은 자신의 경험을 확장해주는 사람과 대화하는 것과 같다. 포커싱에 있어서는 당신도 내면적 자아에게 그와 같은 사람이 되어야 한다. 그래야 타인에게도 그런 사람이 될 수 있다.

02.

경청이

중요한

이유

완벽한 경청이란

⋮

일반적인 사회적 교환에서 우리는 서로의 깊은 내면까지 들여다보기가 쉽지 않다. 그런 이유로 충고, 반응, 격려, 확신, 기타 선의의 말들은 실제로 마음을 이해하고 헤아려준다는 느낌을 갖지 못하게 막는다. 그런데 아무 말 없이 그저 다른 사람들의 말을 조심스레 경청하다보면 이해받는 느낌에 놀라게 된다.

또한 경청할 때와 그렇지 않을 때의 확실한 느낌을 화자에게 전하자. 그러면 즉시 훌륭한 청자가 될 것이다. 진실된 모습을 보이고, 청자의 말을 놓쳤으면 솔직하게 "다른 표현으로 말씀해주시겠습니까? 무슨 뜻인지 이해가 안 가는군요"라고 말하자.

당신이 이해한 만큼 타인의 핵심 요점들을 차근차근 답해준다면 상대방에게 많은 도움이 될 것이다. 나는 그것을 '완벽한 경청'이라고 부른다. 다른 사람이 말하지 않은 주제를 가져와서도 안 되고, 당신의 해석을 강요하거나 생각을 섞어도 안 된다.

경청하는 동안 말하는 두 가지 이유가 있다. 상대방이 했던 말과 의미를 활용해 대답함으로써 정확하게 이해했음을 보여주고, 또 반복과 명확한 설명을 요구하기 위해서다.

정확하게 이해했음을 보여주는 방법

⋮

상대방이 전달하려는 것을 한두 개의 문장으로 만들라. 당신의 말로 표현되지만, 주된 의미를 위해서라면 화자의 말을 인용한다.

사람들은 당신의 말을, 각 단계별로 이해한 것을 들어야 한다. 그들이 말하는 모든 핵심적인 내용, 전달하려한 각각의 내용에 맞는 한두 개의 문장을 만들라(보통 화자가 말하는 5~10개의 문장마다 행해진다). '단순히 말만 하게' 해서는 안 된다. 좋든 나쁘든 발화 내용은 매번 그들의 느낌과 연관되어야 한다. 그렇다고 그대로 고정하거나, 바꾸거나, 개선하려고 해서도 안 된다. 정확히 화자가 의미하고 느끼는 방식으로 주제에 대한 핵심을 이해하려고 노력하라.

가끔 말하는 내용이 아주 복잡할 때도 있다. 그들이 말하는 바가 무엇인지, 그들에게 어떤 의미인지 한번에 이해하지 못할 수도 있다. 그럴 땐 그들이 말하는 핵심을 한두 개의 문장으로 만들라. 그것이 정확한지 확인하고, 화자가 원한다면 수정하거나 내용을 추가하라. 당신이 제대로 이해하고 있다고 상대방이 생각할 때까지 수정하고, 추가한 내용을 받아들이고 반응을 보여줘라. 그 후 그것이 그들에게 의미하는 바와 느낌을 전달하기 위한 또 다른 문장 하나를 추가로 만들라.

만약 말을 이해하지 못하거나, 헷갈리거나, 의미를 놓쳤다면

이런 경우 반복이나 설명을 요청하는 방식이 있다. 단 "나는 전혀 이해하지 못했어요"라고 말해서는 안 된다. 의미가 매우 모호하거나 아직 첫머리에 불과하더라도 당신이 이해한 아주 작은 부분을 받아들이고, 그보다 많은 정보를 요청하기 위해서만 활용한다.

"당신에게 중요하다는 사실은 알겠습니다. 하지만 정확한 의미가 무엇인지 아직 와닿지 않아요."

상대가 말하려는 내용을 확실히 이해하지 못했다고 해서 말을 많이 할 필요는 없다. 그는 당신이 했던 말이 적절하지 않은 이유를 설명하느라 많은 시간을 허비할 것이다. 대신 당신이 들은 내용 중 확실히 알고 있는 부분을 다시 말해주면서 확인한다. 나머지 부분은 다시 반복해달라고 요청한다. 당신에게 하는 말에 조금씩 천천히 대답해나가라.

그러나 당신이 받아들이고 대답할 수 있는 것보다 많은 말을 하게 해서는 안 된다. 그럴 경우에는 이야기를

중단시키고 대답해준 다음 다시 이야기를 계속 진행해나
가자.

상대방이 자신의 문제에서 더 나아가려 할 때가 언제인
지는 당신도 알고 있다.

"아니요. 그건 그렇지 않아요. 그건 좀 더… 음……?"

상대방이 이렇게 말하고는 실질적인 느낌을 확인
하기 위해 보다 깊은 내면을 느끼려고 시도한다면, 당신
은 역할을 잘하는 중이다. 비록 당신의 말이 그가 좀 전
에 했던 말의 의미에 매우 가까이 근접했더라도, 틀렸거
나 틀린 것처럼 들릴 수도 있다. 그러나 당신의 말로 인
해 그는 자신의 문제를 보다 깊이 느낀다. 그때 그가 어
떤 말을 하더라도 받아들이고 대답해줘라. 이것이 한걸
음 더 나아간 모습이다. 아니면 그는 지금까지 당신이 했
던 말에 만족하며 조용히 앉아 있을 것이다. 또는 해방감
과 긴장이 풀린 편안함을 보여줄 것이다.

"그렇군요. 그게 바로 문제의 본래 모습이에요."

상대방은 문제에 대한 전체적인 느낌을 보여주고 숨을 깊게 들이마셨다가 내쉴 것이다. 이런 순간들이 가끔씩 나타나면 다음에는 그 이상의 새로운 단계들이 나타난다. 당신은 자신의 말을 타인이 제대로 이해해주면 찾아오는 이완감의 묘한 징후들을 보고 잘 진행되고 있다고 생각할지도 모른다. 그것은 우리가 타인에게 무언가를 계속해서 이해시키려고 애쓰다가, 마침내 본래의 취지를 이해해 더 이상 말할 필요가 없는 느낌 같은 것이다.

자신의 생각이나 생각의 일부에 구체적인 밑그림을 그릴 때는 갈등을 느끼고 숨을 참게 된다. 이런 모습은 몇 가지 교환이 이루어질 때도 나타난다. 마침내 핵심을 말하고, 사람들이 정확하게 이해하고 대답하면 숨을 내쉴 때의 느낌처럼 긴장이 풀린 느슨함이 찾아온다.

그는 자신이 말한 사실을 더 이상 몸에 지닐 필요가 없다. 그때 더 깊은 무언가가 찾아온다(실제로는 1분 정도지만 그 시간 동안 찾아오는 고요함을 받아들이는 것은 중요하다).

:

같은 말이 반복된다면 아직도 당신이 완전히 이해하지 못했다는 의미이다. 당신이 하는 말과는 사뭇 다른 포커서들의 말을 한번 살펴보자. 만일 아무런 차이를 느끼지 못한다면, 다시 말해보고 다음의 말을 반복해본다.

"하지만 그게 전부는 아니거나, 어떤 면에서는 정확한 게 아니잖아요?"

당신이 대답할 때 포커서의 얼굴에도 팽팽한 긴장감과 혼란스러움이 나타날 것이다. 포커서는 당신이 하는 말을 이해하려고 노력하고 있다는 의미이다.

당신이 지금 잘못하고 있어서 어떤 말을 추가하려 애쓰거나 이해하지 못한 상태로 남는다면, 행동을 멈추고 그에게 어떻게 된 일인지 다시 한 번 말해달라고 요청한다.

만일 포커서가 주제를 바꾼다면(특히 의미가 약하거나 보다 사적이지 않은 주제로), 보다 개인적인 문제를 이해시키기를 포기했다는 의미이다. 당신은 중단시키고 다음처럼 말할 수 있다.

"나는 여전히 당신이 했던 말에 관심을 가지고 듣고 있어요… 내가 제대로 이해하지 못했다는 것도 알지만, 나는 그 일을 이해하고 싶어요."

그다음 당신이 확실하게 이해한 부분을 말해주고 거기에서 다시 진행해달라고 요청한다. 그 이후 그의 말을 이해할 수 있을 것이다. 언제 이해할지는 중요하지 않다. 세 번이나 네 번만에 이해할 수도 있다.

추가하거나 다듬지 않고 다른 사람이 스스로 얻은 이해만큼 조금씩 정확하게 받아들이거나 노력하면, 사람들은 자신의 최고의 느낌으로 들어갈 수 있다. 또한 시간이 좀 지난 후 인지하기가 쉬워지는 '중심성'도 생긴다.

맨 처음 경청하는 연습을 할 때는 반드시 사람들이 말하는 단어 그대로를 반복해서 말하는 연습을 해야 한다. 다른 말을 덧붙이거나 수정하거나 일부러 해석하지 않고, 말하는 바를 있는 그대로 이해하고 받아들이기가 얼마나 어려운지 이해하도록 도와줄 것이다. 당신이 그렇게 할 수 있으면 핵심과 문제점, 느낌 단어를 짚어준다.

보다 쉽게 하기 위해 잠시 동안 멈추고 당신의 복잡한 느낌과 긴장, 기대를 느껴보라. 그리고 공간을 깨끗이 치워라. 이 열린 공간에서 당신은 진정으로 경청할 수 있다.

당신은 정신이 맑아지며 약간의 흥분도 느낄 것이다. 아무 이유 없이 존재하는 이 기다림의 공간에서 사람들이 하는 말을 받아들이는 것 말고 무슨 일을 할 수 있겠는가?

누군가 다른 사람에게서 그런 공간을 제공받기란 극히 드물다. 사람들이 타인의 말을 진정으로 들어주기 위해 자신의 내면에 타인을 위한 공간을 마련하는 경우는 거의 없다.

03.

오래도록

닫힌 관계를 여는

열쇠

20년 동안 해결되지 않은 감정

⋮

사람들은 포커싱과 경청을 통해 마음을 열면서 서로에
대한 풍요로움을 발견한다. 그 결과, 관계는 더욱 충만
해지고 견고해지며, 감사하는 분위기가 생겨난다. 각 개
인에게 있어 공정함을 추구하고자 하는 노력이 감지되고
존중받는다. 포커싱은 닫힌 관계의 해방에 도움을 준다.
심지어 그러한 관계가 오랜 시간에 걸쳐 닫혀 있던 상태라도 상관없다.

　　대학교수인 켄과 에드의 사례를 살펴보자. 그들은 20년쯤 전에 다툼이 있었고 응어리가 해결되지 않았다. 이후 두 사람은 공식적인 모임을 제외하고는 서로를 피해 다녔다. 그들은 자주 중요한 사안을 결정해야 하는 상황에 놓였고, 서로에게 말을 해야 하는 상황을 피할 수 없었다. 그들의 관계는 고통스러운 것이 아니라, 단지 갇혀 있는 상황이었다. 일부러 서로를 괴롭힐 만한 어떠한 일도 하지 않았지만, 둘 사이의 관계에 아무것도 도움이 되지 않았다.

　　몇 년 전 나는 그들이 결정해야 하는 일에 관여하게 되었다. 나는 켄이 결정을 내리기 위해 깊이 고민하고 있을 때 그의 사무실에 앉아 있었다. 그는 에드가 원하는 것이 무엇인지 알고 있었지만, 자신과 반대 입장인 에드도 복잡한 심정일 거라고 예상하고 있었다. 켄에게는 에드의 지원이 필요했다. 적어도 그에게는 적극적으로 자신의 의사에 반대하지 않는 에드가 필요했다. 켄은 에드에게 직접 연락해보기로 결심했다. 하지만 어떻게 연락할 수 있을까? 켄은 에드가 같은 건물에 있었지만 문제를

논의하기 위해 전화를 이용해보기로 했다. 물론 아무것
도 변한 건 없었다.

그들 두 사람은 포커싱과 경청을 잘 알지 못했다. 물
론 서로에 대해서는 잘 안다고 생각했다. 어느 정도는 틀
린 말이 아니었다. 그들은 20년간이나 서로를 관찰해왔
기 때문이다. 그들은 주어진 상황에서 상대가 어떤 행동
을 할지 정확하게 예상하고 있었다. 그러나 서로에 대해
포커싱하고 경청한다면 어떠한 변화가 일어날지는 알지
못했다. 서로가 잘 아는 불쾌한 특성 아래 내재된 '풍요
로움'도 감지하지 못했다. 또한 갇힌 장소에서도 변화가
일어날 수 있다는 사실도 몰랐다. 그들에게 일상적인 대
화는 유용해 보이지 않았다.

"두 분이 문제에 대해 허심탄회하게 대화를 나눠보면 어
떨까요?"

대화를 하더라도 나쁜 느낌만 가질 수 있다. 상대의
잘못된 점을 지적하면서 이야기를 시작할 수도 있다. 그
렇게 한다면 그들은 각자 자신의 의견을 정당화하거나,

사람들 본연의 모습과 살아가는 방식에 관한 일반적인 의견을 정당화하려고만 할 것이다.

그러나 실질적인 포커싱과 경청 과정에서 두 사람 모두 변할 수 있었다. 각자에게 필요한 변화는 격심한 것이 아니라, 오로지 서로에 대한 느낌의 변화와 관련되어 있었다. 에드를 괴롭히는 켄의 특성과 기질 아래에는 서로가 의심하는 것과는 다른 무언가가 존재하고 있었다. 그런 풍부한 인간적인 본질이 드러날 수만 있다면 두 사람은 서로를 다르게 느낄 수 있다. 논쟁 중에 두 사람은 끊임없이 자신들의 입장만을 반복해서 주장했다. 그러나 다음과 같이 상대의 입장을 달리 말한다면 많은 시간을 절약할 수 있다.

"당신의 말에 동의하지는 않지만, 내가 제대로 이해하고 있는지 한번 살펴봅시다. 당신의 핵심은 ○○○이지요?"

상대가 반복하는 주장을 멈추게 하고, 당신의 말을 경청하거나 포커싱하게 만드는 말이다. 상대가 가진 다른 느낌도 살펴볼 수 있게 한다. 이번에는 좀 더 친근한 사례를 살펴보자.

한 명 이상의 애인을 만나고픈 여자친구

⋮

한 여성은 한 명 이상의 애인을 가질 자유를 원했다. 남자는 질투와 불안감을 느꼈다. 그들의 관계는 한동안 갇힌 상태로 이어졌다. 그와 함께 지내며 편안함을 느낄 때마다 그녀는 자신의 사랑을 표현했다. 한편으로는 다른 사람들과 함께 데이트를 즐기고픈 욕망을 언급하는 형태로 그들의 대화는 반복되었다. 그는 그녀에게 물었다.

"도대체 누구와? 언제? 얼마나 자주?"

그녀는 침묵과 분노로 마음의 문을 닫아버렸다. 그 후 그들의 관계는 갇힌 상태로 이어졌다. 그가 그녀에 대해 '아는 것'이라고는 많지 않았다. 그때 그녀가 위축되는 느낌을 받았다는 것을 감지했지만, 도대체 왜 그러는지 이해하지 못했다. 반면에 그녀가 그에 대해 '아는 것'은 소유욕이라는 단어가 전부였다. 그가 자신을 소유하고 싶어 하며, 자신의 삶을 제한한다고 생각했다. 결국 몇 개월이 지난 후 그들은 포커싱을 하고 서로에 대해 경청했다. 첫 번째 단계에서 그는 말했다.

"당신에게 그렇게 물었을 때였어. 당신은 나를 화나게 하고는 아무 말도 하려고 하지 않았어. 지금 당신의 느낌은 어때? 나는 지금 변화를 위해 당신의 말을 귀 기울여 들을 수 있어."

그의 소유욕에 관한 일상적인 불평을 반복하는 대신 그녀는 포커싱을 하고 잠시 동안 고요하게 있었다. 그도 마찬가지로 조용히 포커싱했다. 그때 그녀는 무언가를 이해한 듯 보였다.

"행크, 그런 질문들을 하면 당신은 갑자기 매력 없고, 로맨틱하지 않고, 겁에 질린 남자로 변했어. 그게 나를 너무나도 화나게 해. 그래서 나는 당신에 대한 성적 욕구를 완전히 잃었어. 그게 바로 이유야."

그가 간단히 말했다.

"그건 몰랐어. 당신이 이유를 찾아서 말해주니 이제야 이해가 되네."

물론 포커싱의 첫 번째 단계는 그들의 문제 전체를 해결해주지는 못하지만, 과거의 갇혀 있던 관계에 변화를 일으키는 효과가 있다.

포커싱은 시간을 절약해준다. 필요한 시간은 하루 중 단 몇 분이면 된다. 당신은 문제가 있는 곳에 가서 전환을 경험할 수 있다. 변하지 않는 관계에 갇혀 아무런 진전 없이 반복되는 싸움에 시간과 에너지를 낭비하기보다는 포커싱을 시도해보는 것이 훨씬 더 효율적이다. 가까운 관계에서는 정기적인 포커싱과 경청을 통해 확실한 이득을 볼 수 있다.

04.

사회적

관계와

포커싱

새로운 유형의 사회 조직

⋮

대부분 직장에는 나쁜 생각과 나쁜 관계로 넘쳐난다. 구매부에 갈 때마다 레나는 작년에 자신을 해고하려고 시도했던 여성의 쓴웃음과 마주해야 했다. 빌은 파괴적이고 누구도 믿지 않는다. 짐은 빌에게 동의해주는 척하면서 다른 사람들의 나쁜 점을 낱낱이 일러주고 있다.

사람들은 일을 해내는 것은 물론이고 더욱 잘해내기

를 원한다. 하지만 대부분의 직장에서 너무나 많은 방식으로 갇히는 상황을 경험하기 때문에 사람들은 낙담한다.

아마도 우리의 근로 환경, 학교, 병원, 교회를 개선하기 위해서는 많은 시간이 소요될 것이다. 하지만 조직화된 기관에서는 포커싱하고 경청하기 위한 시간과 공간을 마련할 수 있다. 그러나 집단 내의 모든 사람들이 포커싱과 경청을 학습한 경우라도(학교처럼) 우리의 직장과 기관들은 여전히 느리게 변할 것이다. 현재 조직화된 기관들은 개인적인 삶과 그와 관련된 것들을 발언할 기회를 좀처럼 제공하지 않는다.

당신이 좀 더 개인적으로 누군가를 만나고 싶어 한다면, 현대 사회는 단지 몇 가지 빈약한 선택 사항들만 제공할 뿐이다. 당신은 심리 치료를 받을 수 있고, 주말이면 대면 집단에 참여할 수도 있다. 그것이 성공적이라면(세 가지 중 한 가지라도) 당신은 사람들에게 다가갈 수 있고, 그들도 당신에게 가까이 다가올 것이다. 그런 다음 모임은 해산된다.

당신이 더 많은 사람들을 원한다면 일주일 후 낯선 사람들로 구성된 새로운 모임에 나갈 것이다. 당신은 또 다시 반복적으로 이전과 같은 초기 경험을 할 수 있다. 실제로 영원히 지속되는 사회 조직은 존재하지 않는다.

그렇다면 해답은 무엇인가? 나는 '변화 집단Changes group'이라고 부르는 새로운 유형의 사회 조직에 해답이 있다고 믿는다. 그런 몇 개의 집단들이 미국 여러 지역에서 포커싱과 경청을 아는 사람들에 의해 수년 동안에 걸쳐 만들어졌다. 그 집단들은 포커싱–경청의 친밀함 속에서 사람들을 한데 모은다. 중요한 것은 바로 지속적인 사회 조직이어야 한다는 점이다. 당신에게 포커싱이 필요하거나 누군가 당신의 말을 경청해주기를 원할 때 이용할 수 있는 공간 말이다.

당신이 직접, 그리고 아주 쉽게 변화 집단을 시작해볼 수 있다. '변화 집단'이 운영되는 방식을 보여주기 위해, 그들 중 하나인 '시카고의 변화Changes in Chicago'에 대해 설명해보려고 한다.

'시카고의 변화Changes in Chicago' 모임

⋮

평범한 일요일 저녁, 대학로 57번가에 있는 교회에서 모임이 있다. 두 개의 큰 방은 사람들로 가득 차 있고, 좀 더 자세히 들여다보면 두 명씩 짝을 이루고 있다. 수많은 테이블에, 모서리에, 복도에 사람들이 두 명씩 짝을 이루고 앉아 있다. 한 사람은 말을 하고, 다른 한 명은 경청한다. 얼마간의 시간이 흐른 뒤 그들은 서로 역할을 바꾼다. 일찍 그곳에 도착했다면 대규모 전체 미팅에 참여해서 누군가 이야기하는 중요한 사항을 들을 수도 있다. 주로 현재 진행 중인 내용이다.

누군가 화자에게 "제 생각에 당신이 파악한 부분은 ○○○인 것 같습니다"라고 말한다. 화자는 잠시 침묵하고 간단히 포커싱한 후, "음, 맞아요. 하지만 그보다 더 ○○○할 가능성이 있어요"라고 대답한다.

나는 정기적으로 활동하는 변화 집단의 모임에 항상 깊은 감명을 받는다. 비록 내가 아주 오랜 시간 동안 수많은 사람들을 대상으로 경청하는 법을 훈련시켜 왔지만, 커다란 집단 내에 있다보면 자주 경청하는 법을 잊어버린다. 그래서 다른 사람들이 잊지 않고 있으면 너무나 반갑다. 내가 중간에 개입하려고 하면, 누군가 "잠시만요. 지금 저 여자분이 무언가 말을 하려는 것 같군요"라고 말한다.

가끔은 수줍어하는 누군가가 힘든 점을 말하고 싶어
하며 집단 내의 개인에게 경청을 요청할 수도 있다. 나는
한 모임에서 본 수장의 행동이 기억에 남는다.

그녀는 일어나서 "음… 조, 당신은 내 말을 듣고 있
나요? 내가 이 말을 해도 될까요?"라고 하자, 조는 고개를
끄덕였다. 그녀는 무언가 말을 했고, 조는 그에 맞는 핵심
을 대답했다. 그녀는 계속 말을 이어 갔고, 조도 마찬가
지였다. 모임에서 다른 사람이 방해하거나 주장하기 전에
그녀는 이런 방식으로 자신의 생각을 말하고 사람들에게
전달했다. 집단 내의 모든 사람들은 그녀가 조에게 바라
는 것이 무엇이고, 왜 그러는지 이해하고 있었다.

커뮤니티 내에서 경청의 또 다른 목적은 휴식 시간
동안에 명확하게 드러난다. 어디를 가든 사람들은 여기
저기 서성거리다가 소규모로 모여 대화를 한다. 누군가
한 남자에게 다가가서 말했다.

"안녕, 톰. 내가 요즘 좀 힘든 시간을 보내고 있어. 누가
내 말을 좀 들어줬으면 좋겠어. 네가 들어줄 수 있겠어?"

톰의 대답이 돌아왔다.

"물론이지. 지금 당장 필요해?"
"그래, 네가 괜찮다면 말이지."

그러고는 둘은 조용히 구석진 곳을 찾아 걸어갔다. 아니면 톰이 "아니, 지금은 별로 들어주고 싶지 않아. 미안해"라고 말할 수도 있다. 그럴 경우 포커서는 또 다른 청자를 찾아 이동할 것이다. 또는 톰이 다른 시간을 제안하거나, "물론이지. 대신 나도 지금 청자가 필요해. 역할을 바꿔 가며 같이 할까?"라고 말할 수도 있다. 앞에서 언급한 바와 같이 진정한 경청은 정말로 드물다.

05.

포커싱과

경청이 있는

삶

자신의 말이 경청되기를 바라다

⋮

알랜은 다른 도시에서 일자리를 구했지만, 몇 개월마다
시카고로 돌아왔다. 단지 자신의 말이 경청되기를 원하
기 때문이다. 처음에는 모호하고 애매했던 것이 조금씩
내면에서 세부적으로 열리고 변화되는 것을 경험하면,
포커싱과 경청이 없는 생활은 외롭고 피상적으로 변한
다. 경청해주는 사람이 없다면 스스로 내면의 소리를 듣기가 힘겨울 수 있다.

그렇다고 포커싱을 모르는 사람과 함께하면 종종 좌절로 이어진다. 매 순간마다 그는 "그게 뭔지 좀 더 자세히 볼 수 있어?"라고 말하지만, 포커싱을 잘 알지 못하는 포커서는 무슨 의미인지 이해하지 못한다.

사람들은 자신의 느낌을 이미 알고 있다고 생각한다. 자신의 육감에는 완벽하게 접속할 수 있을지 모르지만, 그 이후는 놓아버린다. 그들은 명확한 느낌을 뛰어넘어 아직 명확하게 드러나지 않은 것을 느끼면 문제에 대한 새로운 길이 열린다는 사실을 알지 못한다.

그래서 사람들은 좀 더 가까워지고 싶은 사람에게 포커싱을 가르쳐준다. 무엇이 나타나는지 반드시 들어야 되는 것은 아니다. 포커싱할 때의 고요함 자체만으로도 훌륭하다. 하지만 자신이 느끼고 말하는 부분이 틀에 박힌 것처럼 받아들여진다면 사람들은 외로움을 느낄 것이다. 더 깊은 곳과 변화를 향한 단계들이 있다는 사실을 알아도, 제대로 들을 수 없다면 역시 외로움을 느낄 것이다.

앨런이 자신의 이야기를 경청할 수 있도록 시카고로 돌아오는 것은 놀랄 일이 아니다.

:

변화 집단의 상호 경청 파트가 끝난 후에는 잠깐 동안의 휴식이 있다. 그때 사람들은 특별한 모임을 만든다. 경청 훈련 모임도 있다. 아주 온화한 분위기가 만연한 몇 개의 포커싱 모임에서는 사람들이 너무나 수줍어해서 당신에게 함께 동참해달라는 말도 못 할 수도 있다.

커다란 모임에 속해 있는 어떤 사람은 자발적으로 일어서서 "저는 오늘 밤에 댄스 활동을 주도할 겁니다. 그때 저를 찾아주세요"라고 말하기도 한다. 그것은 행동 수정이나 꿈 해몽 모임이었을 것이다.

포커싱은 다른 모든 방법들을 몸의 감각 느낌과 관련시켜 효과를 높여준다. 우리는 포커싱에 관한 '분파'를 만들고 싶은 생각은 없다. 포커싱은 누군가가 이미 발견한 도움이 되는 무엇과도 잘 어울리고, 추가가 될 수도 있기 때문이다.

역으로 누군가가 다른 기술들을 알려준다면 오히려 더 반갑다. 비록 서로 모순되는 것이라도 사람들은 다양한 기술을 이야기한다. 하지만 인간의 몸만큼은 다른 어떤 것과도 모순되지 않는다. 포커싱은 특정 시간에 당신에게 도움이 되는 것이 무엇인지 직접 느끼게 해준다.

무엇보다 공식적인 치료보다 집단 모임을 통해 보다 현실적인 치료법이 나타난다. 훈련받지 않은 사람들이 그렇게 하면 겉으로 보기에 염려가 될 수도 있다. 톰이 경청하는 법을 모르거나, 그가 자신의 의견을 타인에게 강요한다면 어떻게 될까? 그것이 더 안전할까?

이것은 의사보다도 안전하다. 아무도 상대에게 권한이 있다고 생각하지 않는다. 누구도 자신이 해야 할 일을 강요받거나, 강제하거나, 간섭받기를 허용하지 않는다. 경청을 요청받은 사람은 단지 또 다른 개인일 뿐이다. 톰의 경청이 마음에 들지 않는다면 포커서는 그를 떠날 것이다.

효과를 거의 보지 못한 심리 치료 환자들이 치료사를 바꾸는 데에만 수개월에서 수년씩 걸린다. 대개 환자들은 '의사들은 현재 진행되는 상황을 잘 알고 있으며, 치료가 안 되는 합당한 이유가 반드시 있을 것이다'라고 생각한다.

하지만 변화 집단은 심리 치료보다 훨씬 안전하다.

심리 치료가 효과가 있을 때에도 대체가 가능하다. 환자는 자신의 몸에서 변화가 일어나는 것을 느낄 것이다.

포커싱과 경청은 특별하게 연습을 거쳐야 하거나 하나의 관점과 같은 것이 아니다. 그러나 원하는 사람들에게 공유되고 또 학습할 수 있다. 그 속에는 많은 치료적인 변화와 인간적인 친밀감이 존재한다.

<포커싱 6단계 매뉴얼>

1. 공간을 정리하라

오늘은 기분이 어떠한가?

당신과 좋은 느낌 사이에 무엇이 있는가?

대답하지 말라. 당신의 몸 안에 나타나는 것이 대답이 되도록 하라.

어떠한 것이라도 안으로 들어가지 말라.

나타나는 각각의 문제들을 받아들여라.

그것들을 잠시 자신의 옆으로 치워두라.

그것을 제외하면 당신의 상태는 괜찮은가?

2. 감각 느낌

포커싱할 한 가지 문제를 선택하라.

문제 속으로 들어가지 말라.

문제 전체를 소환했을 때 당신의 몸에서 느낀 것은 무엇인가?

음침하고도 불편하고 모호한 전체적인 몸의 느낌을 느껴라.

3. 핸들을 가져라

감각 느낌의 특성은 무엇인가?

어떤 단어나 문구, 이미지가 감각 느낌에서 나오는가?

어떠한 특성 단어가 가장 알맞은가?

4. 공명하라

단어(혹은 이미지)나 감각 느낌 사이를 왔다갔다하라.

그것이 정확한가?

서로 잘 맞으면 어울림에 대한 느낌을 몇 차례 느껴보라.

감각 느낌이 변하면 당신의 주의도 뒤를 따라가라.

완벽한 어울림을 이루었을 때, 느낌에 알맞은 단어들(이미지)을 가지고 잠시 동안 느껴보라.

"문제 전체와 관련해 나를 너무 ○○○하게 만드는 것은
무엇인가?"

▶갇혔을 때 할 수 있는 질문들

이 느낌의 최악은 무엇인가?

이에 대한 정말로 나쁜 점은 무엇인가?

무엇을 필요로 하는가?

어떤 일이 일어나야 하는가?

대답하지 말라.

느낌이 자극받아 당신에게 해답을 알려줄 때까지 기
다려라.

▶모든 것이 양호하다면 어떤 느낌일까?

몸이 대답하게 하라.

그것을 막는 것은 무엇인가?

6. 받아들여라

무엇이 나타나든 모두 환영하라.

그것이 말해주면 기뻐하라.

단지 문제에 관한 한 단계일 뿐 마지막은 아니다.

이제 당신은 그것이 있는 위치를 안다.

당신은 그것을 떠났다가 나중에 다시 돌아갈 수 있다.

방해하는 비판적 목소리로부터 보호하라.

그리고 그 이후

당신의 몸이 또 한 차례의 포커싱을 원하는가?

아니면 지금이 멈추기에 알맞은 시점인가?

힘들 때, 지칠 때

초판 1쇄 인쇄 2020년 6월 19일
초판 1쇄 발행 2020년 6월 26일

지은이 유진 T. 젠들린
옮긴이 김성준

펴낸이 박세현
펴낸곳 팬덤북스

기획 위원 김정대 김종선 김옥림
기획 편집 윤수진 정예은
디자인 이새봄
마케팅 전창열

주소 (우)14557 경기도 부천시 부천로 198번길 18, 202동 1104호
전화 070-8821-4312 | **팩스** 02-6008-4318
이메일 fandombooks@naver.com
블로그 http://blog.naver.com/fandombooks

출판등록 2009년 7월 9일(제2018-000046호)

ISBN 979-11-6169-118-3 (03180)